KB062122

염소가 된 인간

염소가 된 인간

나는 어떻게 인간의 삶으로부터 자유로워졌는가

GoatMan

토머스 트웨이츠 지음 | 황성원 옮김

책세상

배부른 돼지보다는 배고픈 인간이 낫고, 배부른 바보보다는 배고픈
소크라테스가 더 낫다. 만일 바보나 돼지가 여기에 동의하지 않는다면,
그것은 문제를 자신의 입장에서만 생각하기 때문이다.

—존 스튜어트 밀, 《공리주의》(1863)

부모님, 린지와 필리프 트웨이츠에게
이 책을 바칩니다.

들어가며 … 010

1장 영혼 SOUL … 022

"당신의 프로젝트가 그냥 동물 복장 하나 만들고 마는 것인지 마음을 정해야 해요. 가장 중요한 것은 사람이 동물과 동류의식을 느끼고, 동물과의 격차를 메우고, 동물처럼 느낄 수 있는 방법을 찾는 게 아닐까요? 그러면 당신이 하려는 모든 것이 훨씬 단순해질 거예요. 신화 같은 일이기도 하고 교육에 가까운 일이기도 하지요."

2장 마음 MIND … 070

"왜 염소가 되고 싶었느냐고요? 인간으로서 이 세상의 무게에 짓눌린 느낌이 들었어요. 그래서 생각했죠. 잠시 동물이 되면 더 낫지 않을까? 그러면 걱정할 필요가 없을 테니까. 그러니까 제 말은 근심, 걱정, 후회 이런 것들은 인간만이 한다는 거예요. 그래서 염소도 걱정을 하는지가 궁금해요. 뭐라고요, 염소도 그렇다고요? 젠장!"

3장 몸 BODY … 136

"당신이 육식 동물이라면 하루에 열여덟 시간 동안 그냥 잠만 자도 돼요. 하지만 염소 같은 반추 동물은 신선한 풀밭을 찾아 더 돌아다녀야 해요. 게다가 당신은 네발로 20~30분 이상은 절대 돌아다니지 못할 거예요. 그것도 최대치죠! 피로 때문이 아니에요. 피로를 느끼기도 전에 신체 부위에 가해지는 압력이 당신을 파괴할 거예요."

4장 내장 GUTS … 192

"염소를 비롯한 앞창자 소화 동물은 미생물과 공생 관계를 진화시켜왔어요. 이 동물은 자신의 소화 기관 속에 미생물이 살 수 있는 공간을 제공하고, 미생물은 소화가 잘 안 되는 셀룰로오스와 리그닌을 발효로 처리하지요. 반추 동물에게 풀에서 얻는 셀룰로오스는 주된 에너지원이고요. 이것은 인간의 소화 과정과 달리 시간과 공간이 필요한 느린 과정이에요."

5장 염소의 삶 GOAT LIFE … 220

"알프스의 오르막길에서는 내가 염소가 되는 데 상당히 재능이 있다는 사실을 알게 되었어요. 이제 나는 덜컹덜컹 씩씩 헐떡대지 않고 염소라면 마땅히 그래야 하듯 고요하게 거닐면서 풀을 뜯고 있었기 때문에, 동료 염소들도 훨씬 우호적으로 바뀌었죠. 심지어 호기심을 보이기까지 했어요. 나는 염소들이 나를 어떻게 생각할지 궁금했어요."

감사의 말 … 295

참고 문헌 … 299

도판 출처 … 302

옮긴이의 말 … 306

들어가며

런던, 워털루

(화창하지만 추운 날씨)

지구라는 이 거대한 공이 자전하자, 아침의 출근 인파는 다시 한 번 출렁이기 시작한다. 사람들은 지하철역 중앙 홀을 따라 저벅저벅 걷다가, 계단을 또각또각 오른 뒤, 다리를 따라 템스 강을 건너, 런던 시 중심가에 진입하여 일터로 향한다. 모두 같은 방향을 향해 단호한 발걸음을 옮기는 남자와 여자들이 마치 물결처럼 빠르게 흘러간다. 금융가에서 일하는 남자들은 정장에 넥타이를, 소호의 창의적인 친구들은 정장 재킷에 청바지를, IT 쪽 일을 하거나 윗사람 눈치 볼 생각이 별로 없는 사람들은 청바지에 티셔츠를 입는다. 숙녀들의 유니폼에 대해서는 별로 아는 바가 없지만, 남자 옷과 별반 다르지 않거나 내가 잘 알아보지 못하는 좀 더 미묘한 복식의 기표 집합들이 있을 거라고 생각한다(루이비통 매장에서 일한 적이 있는 한 친구는 가게에 들어오는 여성을 평가할 때 옷이 아니라 헤어스타일을 기준으로 삼으라고 교육 받았다고 털어놓은 적이 있다. 헤어스타일은 흠잡을 데 없는데 옷이 낡은 사람＝괴벽스러운 귀족. 그냥 옷이 낡은 사람＝여자 노숙자).

아무튼, 그러면 나는 어째서 청바지에 티셔츠(또는 정장 재킷에 청바지까지는 가능할 것 같다)를 입고 성큼성큼 걸어서 사무실로 즐겁게 출근하고 있지 않는 것일까? 그건 일주일 동안 조카의 개를 돌봐주고 있기 때문이다. 그리고 그건 내게 그럴 여유가 있기 때문이고, (진짜) 직업이 없기 때문이다. 그러니까 말인즉슨 나는 출근할 사무실이 없다. 내 여자 친구는 진짜 직업이 있고, 그래서 또각또각 계단을 올라 다리를 건너 매일 출근한다. 하지만 나는 무리에서 떨어져 나와 커피 체인점 바깥에 앉아 발치에 앉은 개와 함께 나머지 세상이 흘러가는 모습을 구경하고 있다.

이 장면은 나의 현 상태를 압축적으로 보여준다. 다른 성인들이 목적을 가지고 앞으로 성큼성큼 나아갈 때, 즉 일자리를 향해, 경력을 향해, 어른으로서의 남은 삶을 향해 전진해가고 있을 때, 노견(개)이 땅바닥에 떨어진 오물을 주워 먹지 못하게 하는 일이 오늘의 중요한 과제인 나는 앉아서 커피를 마신다. 이제 나는 서른

세 살이고, 그리고 (진짜) 직업이 없다는 게 조금씩 걱정되기 시작했다. 왜냐하면, 그러니까 왜냐하면 그 '미래'란 것 때문이다. 물론 지금은 프리랜서 디자이너로 일하면서 먹고 마실 것을 마련하고 있지만, 머지않은 미래에 가족을 부양해야 할 수도 있다. 나는 장성한 성인 남자다운 생활을 해야 마땅함에도 지금은 (사실상) 아버지와 같이 살고 있다(나는 아직 고무줄처럼 늘어났다 줄어들었다 하는 런던의 부동산 사다리에 발끝도 올려놓지 못했다). 어제는 은행에 계좌를 개설하러 갔다가 퇴짜를 맞았고(오늘 아침 다시 편지로 퇴짜를 맞았다. 그러니까 처음 퇴짜를 맞은 것이 실수가 아니었다는 뜻이다), 2주 전에 이력서를 보낸 곳이 있으나 인력 채용 담당자로부터 아직 회신을 받지 못했다.

좋다, 좋아, 다 좋다. 많은 사람들에 비해 나는 기본적으로 폭넓은 안전망을 갖춘 배부른 녀석임을 알고 있다(어쨌든 난 언제까지고 아버지와 같이 살 수 있지 않은가?). 여자 친구는 어젯밤 나와 토론하면서 이 점을 장황하게 지적했다. 하지만 유복한 집 자식이라는 사실도 내가 지금 안고 있는 불안을 해결하는 데는 도움이 안 된다. 안전망이 훌륭해서 한동안 빈둥대며 지낼 수 있긴 하지만, 인생이라는 거대한 서커스 천막에서 안정된 쉼터라는 걸 손에 넣으려면 꾸준한 등반 같은 것도 좀 해야 한다. 내가 이제까지 했던 모든 등반은 목적을 지향하는 상향 이동이라기보다는 옆길로

새는 것으로 끝나버리곤 했다. 안락하고 안정된, 야망을 가진 중년 남자가 될 생각이라면 지금쯤 훨씬 높은 데 있어야 할 것이다. 그러니까 최소한 독립이라도 했어야 하고 어느 정도 안정된 소득이 있어야 하리라. 말인즉슨 난 서른셋이란 말이다! 그런데……아무것도 이룬 게 없다. 지금 아무것도 없다면 앞으로도 그러겠지. 내 자존감은 물속에 가라앉아버렸다.

하지만, 이봐, 토머스, 너도 성공해본 적 있잖아? 최근에 빅토리아 앨버트 박물관이 너의 토스터 프로젝트를 영구 소장품으로 취득했잖아. 이 나라를 위해, 후세를 위해, 예수님을 위해. 그리고 그게 다가 아니잖아! 너는 그 토스터 프로젝트에 대한 책을 내고 전 세계 사람들로부터 꽤 좋은 반응을 얻었지. 또 있잖아! 넌 토스터 프로젝트를 가지고 4부작 텔레비전 시리즈에 출연했어(1점 또 추가)! 하지만……그 텔레비전 시리즈는 소름 끼치도록 민망했고, (하느님 감사하게도) 베트남과 호주, 한국에서만 방영되었지. 이건 감점. 그 책은 그냥 운이 좋았던 경우이고, 일탈이라고 볼 수도 있지. 그래서 넌 히트곡이 하나뿐인 가수나 마찬가지다(5점 감점). 그리고 어쨌든 토스터 프로젝트는 4년 전이었다! 지금은 어때? 정점을 찍었다가 내리막길을 걷고 있다. 네가 밖에 나가 토스트를 사 먹는 동안 친구들은 박사 학위를 따고, 작품 의뢰를 받고, 경력을 쌓아 차근차근 올라가고 있다. 제일 오래된 친구가 이제

(진짜) 의사다! 어젯밤 그 친구는 한 남자의 목숨을 살리기 위해 흉강을 열고 맨손으로 심장을 박동시키는 영웅적인 시도를 했다. 안타깝게도 그이는 죽었지만, 그래도 멋있잖아. 그런데 넌 뭘 하고 있니, 토머스? 커피를 마시고 있구나. 나이를 먹고(1점 감점) 흰머리가 늘고(10점 감점) 사람 목숨을 구하지도 못한다. 그것은 마치 무리의 선두 근처에 있던 내가 가속기에서 발을 떼고 갓길에 차를 세운 뒤 나무 향에 취했다가 주위를 둘러보니, 갑자기 내가 아는 모든 사람이 중요한 일을 하면서 열심히 지내고 있는데, 난 까마득히 떨어져 있고, 이제는 차의 시동도 걸리지 않는 상황과도 같다. 난 갇혀버렸다. 커다랗고 캄캄한 구멍에.

오호통재로다, 토머스. 이런 걱정들은 자기중심적일 뿐만 아니라 사람들이 걱정해야 하는 것들의 목록에서 보면 절대적으로 사소하다. 다음 끼니는 어디서 해결해야 할지 걱정하지 않는 것만 해도 하느님께 감사할 노릇이다. 그렇지만 어쨌든 이런 것들이 지금 당장 나를 괴롭히고 있는 걱정거리다.

이 세상 모든 사람이 한동안 저 멀리 떠나갔다가 나중에 다시 돌아와서 뒤통수를 치는, 그런 밀물과 썰물처럼 들어왔다가 빠져나가는 자기만의 걱정 보따리 같은 것을 갖고 있을까? 4½세인 내 조카는 죽음에 대해 걱정한다. 자기가 언젠가 죽을 거라는 사실만이 아니라 죽음이라는 것이 존재한다는 사실 자체를 말이다. 언젠가 엄마도, 아빠도, 조카도, 모든 사람이 죽을 수밖에 없다(여러분이 그걸 지금에서야 알았다면 충격이다). 좋다, 여왕은 어떨까? 여왕은 뭘 걱정할까? 태어날 때부터 최고의 권위와 특권을 누리신 그분, 여왕은 어떤 경우에 불안을 느낄까? 전통의 무게가 짓누를 때? 계승자의 앞날을 생각할 때?

맞다, 여왕한테도 걱정은 있다. 인간으로 산다는 것은 곧 걱정한다는 것이다.

노긴을 보자. 노긴은 좋아하는 것(길거리 음식)과 싫어하는 것(혼자 있는 것)이 있고, 심지어는 가까운 미래에 대한 욕망(저기 가서 길거리 음식 한입만 먹고 싶다)도 있다고 짐작되지만, 걱정은 없다고 생각한다. 노긴과 여왕은 중요한 다른 모든 측면, 그러니까 먹고, 자고, 싸고, 의사소통을 하고, 도구를 이용한다는 점(음, 노긴은 나무토막만큼이나 우둔해서 도구를 사용하지는 못하지만 노긴과 사촌 관계라고 볼 수 있는 호주 들개 딩고는 테이블을 끌고 와서 발판으로 쓰는 모습을 보인 적이 있다)은 똑같다. 하지만 걱정은 여왕만 한다.

내가 이런 결론을 내리게 된 것은 뭔가에 대해 걱정하려면 그 일이 일어나거나 일어나지 않는 상상을 할 수 있어야 한다고 보기 때문이다. 이 말은 미래에 대해 걱정하려면 미래를 상상할 수 있어야 한다는 뜻이다. 근래 나는 미래에 대해 많이 상상하는 편인데,

여왕 폐하 : 걱정이 있음.   노긴 : 걱정이 없음.

요즘은 내가 승승장구하는 미래를 상상하기가 어렵다. 그 이유는 내가 장래성이 없는 청년이라고 느끼기 때문만이 아니다. 지금은 세계의 미래가 상당히 걱정스러워 보인다. 뉴스를 보면 우리 모두 노도 없이 강을 건너려고 하는 형국이다. 빈부 격차는 벌어질 대로 벌어졌고(제발 내가 결국 부자 쪽에 속하기를), 인류는 6차 대멸종 한복판을 지나고 있으며(원인은 여러분과 나, 기타 등등이다), 생태계는 한계점을 향해 뻗어나가고, 테러리스트, 이들은 소름 끼치는 폭력배인데도 점점 더 많은 사람이 그들에 가담하고 있다! 그리고 기후 변화는 이 모든 문제를 어떻게든 악화시킬 것이고, 그래서 우리 모두는 파멸을 피할 수 없다. 파멸. 그렇다, 걱정할 것들이 이렇게나 많다.

단 몇 주 동안이라도 이 특별한 인간의 능력에서 벗어날 수 있다면, 그 순간만큼은 내가 저지른 일에 대해, 내가 하고 있는 일에 대해, 또는 해야 할 일에 대해 아무런 걱정도 하지 않을 수 있다면 멋지지 않을까? 사회와 문화, 개인사뿐만 아니라 생물학적 특성에서 발생하는 제약과 기대에서 벗어날 수 있다면 멋지지 않을까? 인간으로서 피할 수 없는 걱정들에서 도망칠 수 있다면 어떨까? 이 세상의 복잡다단함에서 한발 떨어져 어딘가 따뜻한 곳으로 사랑스런 휴가를 떠난다면, 직장과(그런 게 있기는 하다면) 일상생활에서 벗어날 뿐만 아니라 자아 자체에서 벗어날 수 있다면? 인간으로서의 삶을 떠나 휴가를 가진다면? 생존에 필요한 기본적인 것들만 챙겨 인간 세계와 생활 세계의 복잡다단함에서 벗어나 보기. 문명의 함정들과 골치 아픈 모든 문제들을 생각하지 않고 살아보기. 지구 위를 가볍게 밟고 서서 유혈이 낭자하는 어떤 고통도 유발하지 않고, 온 사방에서 자라는 녹색식물에서 만족스럽게 자양분을 얻으며 지내보기. 풀을 조금씩 뜯어먹고 땅 위에서 잠을 자며 주위에 있는 것들에 동화된 채 살아보기. 과연 어떨까? 풍경 속을 빠르게 질주하며 자유를 만끽하기! 잠시 동물이 되어본다면 멋지지 않을까?

웰컴 트러스트

사적이며 대외비임

트웨이츠 씨에게

예술상

예술상 프로그램을 신청해주셔서 감사하다는 말씀을 전합니다. 저는
기쁜 마음으로 〈코끼리가 된 인간〉 프로젝트 지원금 신청이 확정되었
음을 알립니다. 위원회는 이 프로젝트가 훌륭한 실적을 가진 실험적인
디자이너의 경이로울 정도로 열정 가득한 아이디어라고 생각했습니
다. 위원회는 신청인이 질적으로 우수하고 흥미로운 무언가를 만들어내
리라고 확신합니다. 단 하나 지적할 점이 있다면, 위원들은 일정이
대단히 촉박해 보인다면서 시간표를 재고해볼 것을 권장했습니다.

이 상을 받을 수 없을 경우에는 최대한 빠른 시일 안에 저에게 연락
해주시기 바랍니다.

행운을 빌며

제니 페이턴

예술 자문가

공공 참여

의료 인문학과 참여 지원금

웰컴 트러스트

* * *

아, 이런. 이메일 제목을 보고 기대에 가득 찬 나는 "제출된 서류의 수준이 너무 높아서"라든가 "주의 깊게 심사숙고한 결과" 같은 통상적인 거절의 표현이 있는지 살펴본 뒤, 잠시 성공의 기쁨을 만끽하다가, 몇 주 전 불안감에서 벗어나기 위한 방편으로 제출했던 신청서를 다시 살펴보았다. 내가 뭘 하겠다고 했더라? 아이고, 이런.

나는 500만 년 인류 진화의 역사를 보여줄 수 있는 외골격을 만들고 두 발 달린 내 몸에 네발짐승의 것을 뒤집어씌우겠노라고 말했던 것이다. 그리고 또 내가 풀을 먹고 소화할 수 있게 해주는 인공 위를 개발하고 시각과 청각을 적응시키며 내 감각들을 다시 훈련시키겠다고도 했다. 그리고 코끼리의 관점에서 삶을 경험하기 위해 경두개자기자극술을 이용하여 뇌 앞쪽에 있는 계획과 언어 담당 부위를 바꿔놓겠다고도 했다. 그러고 난 뒤 코끼리 외골격을 뒤집어쓰고 코끼리가 되어 알프스를 넘겠다니.

　아, 이런, 나는 멍청이였다. 그 많은 것들을 하겠다고 큰소리치다니. 그리고 이제 그들은 정말 내게 할 테면 해보란다(1점 감점). 내겐 이 프로젝트를 밀어붙일 배짱이 없다(1점 감점). 그건 어리석고 무의미하며 절대로 진지한 디자인 프로젝트가 아니다(1점 감점). 암 치료제를 발견하는 데 쓸 수도 있는 돈을 이런 데 쓴다는 건 돈 낭비다(1점 감점). 알프스의 겨울이 끝나기 전에 절대로 이것을 해내지 못할 것이다. 나는 그냥 주방 도구 만드는 데나 골몰하는 편이 나았을 거다.

* * *

　그래도……이게 말대로 되기만 한다면 멋지겠지?

영혼

—

SOUL

덴마크, 코펜하겐
(얼어붙을 것 같은 날씨)

그렇다, 이곳은 분명 코펜하겐이다. 길을 건너려고 기다리고 있는
데 쫄쫄이를 입은 한 덴마크 남자가 바퀴 달린 크로스컨트리 스키
를 신고 빠르게 내 옆을 지나갔다(바퀴가 있어서 눈이 없어도 별
문제가 없다).

　나는 디자인 "정복 수업"(이건 그들의 표현이다)에서 강의를
해달라는 요청을 받고 덴마크에 왔고, 이번 여행의 경유지에 코펜
하겐을 넣었다. 내 코끼리 프로젝트를 도와주었으면 싶은 사람을
만날 예정이기 때문이다. 나는 발롱파켄이라는 장소를 찾고 있었
다. 코펜하겐 중심부에 위치한 그곳은 2차대전 때 대공 풍선을 넣

어놓기 위해 지어진 100채의 작은 나무 헛간이 있는 곳이었다. 이
제 '독립적인 자치 기구'로 살아가는 한 공동체가 차지한 이 헛간
들은 지배 문화에 대항하는 삶을 지향하는 개인들의 집으로 사용
되고 있었다. 그중 한 명은 주술사인데, 내가 만나려는 바로 그 사
람이다.

이 책 도입부에서 울적했던 내 인생관에는 약간의 변화가 있
었다. 세상에 대한 나의 전반적인 고뇌는 흘러갔고, 여자 친구와의
논쟁은 칼로 물 베기가 되었으며, 미쳐 날뛰던 불안은 맑게 개었
다. 내가 지금 이렇게 도입부를 들먹이고 있다는 건 내가 그 글을
프린스턴 건축 출판사Princeton Architectural Press에 보냈으며 그들이
책을 만들어보자는 의향을 밝혔다는 뜻이다. 내가 이 끝내주는 물
건을 훌륭하게 만들어낼 수 있다는 가정하에 말이다. 내가 정말로
이것을 해낸다면, "친애하는 독자들, 안녕?"이다.

어쩌면 내 전화기가 고장 나서 5분마다 뉴스를 확인할 수 없
기 때문에 세상이 더 이상 우울해 보이지 않는 것일 수도 있다. 물
론 저 밖에는 잘못된 일투성이지만, 올바른 방향으로 흘러가는 중
이다. 격차는 벌어지고 있는지 모르지만 가난한 사람들은 그래도
점점 가난을 면하고 있다. 세계 인구는 몇 년 안에 정점을 찍은 뒤
하락할 것이고, 발달하는 기술 덕분에 기후를 완전히 망가뜨리지
않은 채 우리 모두 안락하고 만족스런 삶을 살게 될 것이다. 만세!

(그럼 테러리스트는? 그들은 한 번씩 나타나게 마련인 썩은 바나나의 최신 버전일 뿐이고, 모든 세대에는 각각의 썩은 바나나 송이가 있다.)

간단히 말해서 이 세상과 나는 상승세를 타고 있다! 하지만 내가 좋은 기분을 만끽하는 동안, 한 마리의 코끼리가 된다는 원대한 계획은 소리 없이 중단되었다. 웰컴 트러스트에는 아직 비밀이다. 나는 다른 일들(가령, 에헴, 이번의 정복 수업 같은)에 즐겁게 열중하면서 그 프로젝트는 거의 피하다시피 하고 있다. '코끼리가 된 인간' 프로젝트의 전제에 뭐랄까, 근본적인 문제가 발생했기 때문이다. 그것은 바로 내가 더 이상 코끼리가 되고 싶지 않다는 사실이다.

* * *

내가 코끼리가 되기로 결심했던 것은 몇 가지 실용적인 이유들 때문이었다. 웰컴 트러스트에 제안서를 작성할 당시, 풍경 속을 자유롭게 노닌다는 내 상상에 맞춰볼 때 코끼리가 되는 것이 다른 비인간 동물들과 달리 왠지 디자인상의 제약을 극복하는 데 수월할 듯했다.

그건 다음의 가정들 때문이었다. 첫째, 코끼리는 덩치가 매우 크기 때문에 내가 들어갈 공간이 넉넉히 확보되고 성가시게 세세한 장치들까지 신경 쓸 필요가 없다. 둘째, 코끼리는 덩치가 커서 느리고 굼뜨게 움직인다. 그러니 내가 만든 외골격이 짐작대로 느리고 굼뜨더라도 전혀 문제될 것이 없다. 가장 핵심적인 세 번째, 나는 목 길이가 신경 쓰인다.

두 팔을 늘여서 네발짐승이 되는 법은 쉽게 상상할 수 있지만 거기에 맞게 목을 늘이는 법은 좀처럼 상상하기가 어려워서, 나는 목 길이가 중요하다고 생각했다. 그런데 코끼리는 다리에 비해 짧은 목으로 풀을 뜯는 짐승이라는 점에서 상당히 특별했다.

동물이 살아가는 데 있어서 기본은 다른 동물의 먹이가 되지 않는 일이다. 산 채로 잡아먹히지 않으려면 길고 빠른 다리가 장점이 될 수 있다. 그런데 동물로 사는 데 있어서 또 다른 기본은 자신 역시 먹이를 먹어야 한다는 점이다. 당신이 네발 달린 초식 동물이라면 풀과 나뭇잎을 먹을 것이다. 이런 것들은 에너지 밀도가 낮아서 많이 먹어야 한다. 사실상 깨어 있는 시간의 약 60퍼센트를 풀과 나뭇잎에 머리를 박고 있어야 한다는 이야기다. 그리고 초식 동물의 먹이는 발치에 있는 경우가 많으므로 최대한 난리법석을 떨지 않고 먹잇감을 향해 얼굴을 내릴 수 있을 만한 길이의 목이 좋다.

따라서 민첩함과 효율적인 풀 뜯기라는 두 가지 이로운 특징을 최적화하기 위해서, 모든 네발 달린 초식 동물은 산 채로 먹히 거나 굶어 죽는(혹은 이 두 가지가 우울하게 결합된) 고통스러운 메커니즘을 거치면서 목을 다리 길이에 가깝게 진화시켰다.* 이 모 든 동물의 예외가 바로 코끼리다. 코끼리의 경우 완전히 다른 경 로로 진화가 진행되었다. 다리를 늘리고(원한다면 온몸을 다 키워 라!) 그러면서 동시에 목은 짧은 채로 있어라? 그렇다. 얼굴을 음 식 쪽으로 가져가지 말고 음식을 얼굴로 가져와라! 어떻게? 코로!

이렇게 (상대적으로) 짧은 목을 가지고 있다는, 우리 모두가 아는 특징 때문에 나는 코끼리에 끌렸다.

하지만 최근 나는 남아프리카공화국에 갈 기회가 있었고(내 가 상승세를 타고 있다고 말하지 않았나) 당연히도 나는 코끼리가 보고 싶어서 사파리에 가야겠다고 생각했다. 그리고 가보았다. 하 지만 야생의 코끼리를, 온몸의 털이 곤두설 정도로 가까이서 보게 된 나는, 직접 그 동물이 된다고 했을 때 코끼리의 장점이라고 생 각했던 대부분이 사실상 상상의 산물임을 깨닫게 되었다. 코끼리 가 얼마나 큰지 직접 눈으로 확인한 순간, 커다란 덩치가 가진 '장

---

* 물론 긴 다리에 짧은 목을 가진 동물은 무릎을 구부려 이 문제를 해결할 수 있지만, "앉아 있는 오리sitting duck"가 손쉬운 표적을 의미하는 표현이라는 데서 알 수 있듯, 앉게 되면 다른 문제가 발생한다.
** 자연 선택에 따른 무작위 돌연변이라는 뜻.

진화 : 완전 무작위. **

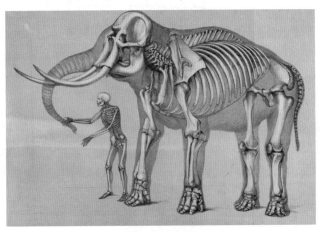

코끼리와 인간 : 목이 짧다.
벤저민 워터하우스 호킨스의 《인간과 동물 골격 비교》(1860)에 실린 6번 삽화.

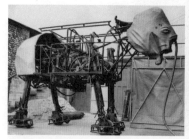

기계 코끼리. 놀랍게도 곳곳에서 볼 수 있다.

점'은 순식간에 사라져버렸다. 내가 코끼리의 삶이 어떤지를 정말로 느끼려면 내 외골격은 최소한 커다란 봉고차 정도는 되어야 하고, 나무 한 그루 정도는 거뜬하게 밀어버릴 수 있을 정도로 힘이 세야 할 것 같았다. 그걸 가능하게 할 수 있는 방법은 직접 엔진을 장착하고 그 힘으로 자동차를 한 대 만들다시피 하는 수밖에 없을 듯했다. 이건 아무도 시도하지 않은 감탄할 만한 목표지만, 내가 해보고 싶지는 않았다.

그리고 맞다, 코끼리는 짧은 목도 중요하지만 코도 중요하다. 움직이는 코를 만들 방법을 고민하면 할수록 계획은 점점 불가능해 보이기만 했다. 매사추세츠공과대학에서 코끼리 코를 만든 적이 있지만, 첫째, 난 매사추세츠공과대 학생이 아니고, 둘째, 그것은 압축 공기식이었다. 이 말은 다시 말해서 공기 압축기를 질질 끌고 다녀야 하고, 엔진까지 필요하다는 뜻이다. 이럴 줄 알았어, 결국 자동차 한 대를 만들다시피 해야 한다니까. 자동차는 자유(뻥 뚫린 도로와 기타 등)를 만끽하게 해주지만 그건 체제 안에서만 누릴 수 있는 자유다. 나는 체제 자체로부터의 자유를 추구하는 사람이다! 그래서 으르렁대는(또는 흐느끼는) 엔진을 끌고 다니는 것은(그리고 휘발유를 채워 넣거나 충전지를 재충전하는 문제를 두고 걱정해야 하는 것은) 바람직하게 느껴지지 않았다. 나는 혼자의 힘으로 내 동물 골격을 움직이게 하고 싶었다.

물리적인 문제를 극복할 수 있고, 내가 코끼리만큼 크고 힘이 세다고 느끼게 해주는 골격을 만들 수 있다 해도, 나는 코끼리가 되기에는 또 다른, 더 근원적인 문제가 있음을 깨닫게 되었다. 내 생각에 코끼리는 너무 인간적이다.

이 프로젝트의 일차적인 목표는 인간으로서의 걱정과 실존적 고통에서 벗어나는 것인데, 나는 코끼리가 된다는 것이 심리적으로 적합하지 않을지도 모른다는 생각이 들기 시작했다.

먼저 일각에서는 코끼리가 죽음을 이해한다고 생각한다. 코끼리들은 마치 인간처럼 죽어가는 다른 코끼리를 돌본다. 두 마리의 코끼리가 위독한 다른 코끼리가 쓰러지지 않게 애쓰는 장면이 목격된 적이 있었다. 결국 위독한 코끼리가 땅에 쓰러져 죽음을 앞두게 되자 두 코끼리는 코로 풀을 뜯어와 위독한 코끼리의 입에 넣어주려 했다. 그리고 마침내 아픈 코끼리가 세상을 떠나자 두 코끼리는 며칠 동안 그 곁을 지켰다. 코끼리 가족이 죽은 지 얼마 안 된 여성 가장 코끼리의 시신을 며칠에 걸쳐 보러 간다는 기록도 있다. 그건 마치 망자를 애도하는 인간의 모습과 꼭 빼닮았다. 결국 죽은 혈육과 작별할 시간이 되면 잎사귀와 나뭇가지로 몸을 덮어주기도 한다. 코끼리 가족의 행동 패턴은 밀렵꾼의 공격이나 자연 도태에 의해 집단적으로 폭력적인 죽음을 경험하고 나면 정상으로 되돌아오는 데 몇 년씩 걸릴 수도 있는데, 이는 코끼리들이 외상 후

스트레스 장애와 유사한 어떤 것 때문에 힘들어한다는 의미로 볼
수 있다. 돌고래, 침팬지, 고릴라 등 극소수의 종들은 같은 종의 사
체를 경건하게 다루는 것으로 알려져 있다. 하지만 같은 종의 뼈에
대고 의식을 거행한다는 기록이 있는 종은 우리(와 멸종한 네안데
르탈인) 말고는 코끼리가 유일하다. 오래전에 죽어서 햇빛에 탈색
된 뼈와 상아를 우연히 마주치게 된 코끼리들은 보통 (코끼리가
아닌 다른 동물의 뼈를 포함해서) 다른 흥미로운 대상을 이리저리
흔들어볼 때와는 사뭇 다른 방식으로 코를 들어 다른 코끼리의 뼈
와 상아를 더듬어본다고 한다.

　　나는 코끼리에 대한 나의 마음이 유년 시절에 품었던 '아기 코
끼리 덤보'를 향한 따뜻한 감정으로 강하게 채색되어 있음을 깨달
았다. 사실 코끼리는 복잡하고 똑똑한 야생 동물로, 무시무시하게
힘이 세고 때로 공격적이다. 어쩌면 코끼리들은 자신이 언젠가 죽
는다는 사실을 알지도 모르고, 가족을 이루어 생활하며(우리는 가
족이 끝없는 스트레스와 걱정의 근원임을 알고 있다), 마치 우리처
럼 슬픔과 우울, 성격 장애에 시달리는 경향이 있는 것 같다(잠깐,
정말로 이건 아기 코끼리 덤보 이야기와 거의 똑같네). 난 이미 이
런 데 약한 동물이므로, 코끼리가 되어서 인간의 삶에서 도망치겠
다는 발상은 실존주의의 프라이팬에서 또 다른 프라이팬으로 건
너뛰는 것과 마찬가지다. 그리하여 나는 코끼리에 대한 약간 혼란

스러운 관점과 코끼리가 되고 싶지 않다는 새로운 욕망 때문에 어수선한 마음을 안고 남아프리카공화국에서 돌아왔다. 그러고는 선술집에 갔다. 당연히 몇 잔의 맥주를 비우고 나자 한 친구가 내게 멋진 제안을 했다. 스칸디나비아에 살고 있는 자신의 지인인 주술사를 만나 도움을 얻으라는 것이었다. 어쨌든 이 주술사는 인간과 동물의 관계에 대한 일종의 전문가다. 그래서 정복 수업을 하러 덴마크를 방문하는 길에 코펜하겐을 경유하게 된 것이다.

* * *

발롱파켄으로 들어가는 입구를 찾았다. 흰색 창틀에 붉은 산화철로 칠이 된 작은 나무 오두막들이 흙투성이 길 양쪽에 줄지어 서 있었다. 다른 시대, 그러니까 분명 과거, 하지만 어쩌면 미래 같은 느낌도 동시에 주는 장소였다. 플라스틱으로 된 것은 많지 않고(몇 개의 빗물 통 정도) 현대적인 느낌을 주는 밝은 색도 거의 쓰이지 않았다. 건물에도, 공중에도 나무가 많았다. 소나무와 장작을 태운 냄새가 안개처럼 자욱했다. 그리고 이상할 정도로 조용했다. 정말로 주술사가 튀어나올 법한 분위기였다(쇼핑을 할 때도 나는 이런 분위기가 편하다). 내가 주술사를 만날 곳은 왼쪽 끝에 있는 오두막이었다.

아네테(그 주술사다)가 나를 반갑게 맞았다. 아늑함이 느껴지
는 장소였다. 한쪽 구석에 높은 침대가 자리한 방 한 칸, 반대편 구
석에 작은 주방이 있고, 장작 난로 주위에 죽은 동물의 여러 부위
가 널려 있었다(그녀의 설명에 따르면 '독수리'의 날개 한 쌍, 사슴
뿔 한 쌍 같은 것들이다). 아네테가 차를 준비하는 동안 나는 난로
옆 흔들의자에 앉았다. 아네테는 하얗고 긴 머리카락에 눈은 검고
얼굴에는 깊은 주름이 있었다. 어쩐지 마녀를, 하지만 (대체로) 좋
은 마녀를 연상시키는 데가 있었다. 그녀의 오두막은 내가 코펜하
겐 거리에서 약간 들어온 게 아니라 1,000마일쯤 북쪽으로, 그리
고 100년쯤 옆길로 샌 것 같은 기분이 들게 했다.

내가 들고 온 장비들이 약간의 민폐를 끼치게 되었다. 우리 대
화를 녹음하기 위해 세 대의 디지털 녹음기를 가져왔는데, 녹음기
의 깜박이는 붉은빛이 상당히 신경 쓰이게 한 것이다. 아네테는 녹
음기를 전부 꺼달라고 부탁했지만, 약간의 협상을 거친 뒤 우리는
하나만 남겨두기로 타협했다. 차와 크래커가 준비되자 아네테는
작은 나무 테이블 반대편에 앉아서 스칸디나비아 억양으로 왜 자
신을 찾아왔는지 물었다.

나는 코끼리가 되려고 했는데 그게 뜻대로 잘되지 않고 있으
며, 선술집에서 주술 여행을 해본 친구와 이야기를 나누었더니 내
프로젝트에 도움을 줄 만한 곳이 있으니 한번 가보라고 했다는 설

명을 늘어놓았다…….

"그러니까 말하자면, 저는 당신이 제 내면의 동물을 만날 수 있도록 저를 영혼의 세계로 보내주셨으면 해요."

아네테는 한숨을 쉬었다. 그녀는 개인적인 이유 때문에 내가 내면의 동물을 끌어내는 주술 여행을 떠나도록 돕지 못한다고 했다. 그러면 나는 다른 데를 알아봐야 할 것이었다. 하지만 아네테는 코끼리가 되려는 내 노력은 그녀의 직설적인 표현에 따르면 "멍청한" 짓이라는 점에 대해서는 분명한 입장이었다.

멍청한 짓이라. 나는 맥이 빠졌다. "아, 왜요?" 내가 물었다.

"음, 코끼리로 뭘 하려고요? 아무것도 못해요. 코끼리는 당신이 관계 맺고 있는 환경과는 완전히 이질적이에요. 당신이 아프리카 부시먼이면 상관없어요. 코끼리가 가능할 거예요. 하지만 당신은 부시먼이 아니라 런던 사람이잖아요. 당신은 당신과 환경을, 그러니까 살고 있는 장소와 지나다니는 장소들을 당신과 공유하고 있는, 친숙한 동물에만 더 가까이 다가갈 수 있어요."

"그렇지만 영국에도 코끼리가 있어요. 동물원에 말이에요." 난 이렇게 항변했다.

그녀는 내가 잡은 꼬투리를 묵살했다. "거기에 있는 코끼리들은 다 미쳤잖아요."

동의하지 않을 수 없었다. 나는 두 번째 데이트에서 여자 친구를 슈투트가르트 빌헬마 동물원에 데려갔다가 다시는 동물원에 가지 않겠다는 맹세를 했고, 결국 그것은 두 번째로 최악인 데이트로 판명 났다는 이야기를 아네테에게 털어놓았다. 동물원은 판에 박힌 동작들을 끝없이 반복하는 한 쌍의 코끼리를 비롯해서, 우리 안에 갇힌 채 미쳐가는 동물들로 가득했던 것이다.

"그러면 동물원이 아니라 런던에는 어떤 동물이 있나요? 여우도 있고 사슴도 있잖아요."

사슴 있고말고. 그 끝내주는 런던의 절반이 한때 귀족들의 사슴 사냥 게임장이었고, 예전에 헨리 8세가 사냥을 했던 그리니치 공원에 몇 마리가 남아 있다.

"환경을 통한 관계라는 점에서 당신은 사슴에 훨씬 가까워요." 아네테가 나에게 이런 진단을 내렸다. "사실 사슴은 당신한테는 아직 너무 거친 느낌이에요. 그보다는……양이 좋겠네."

잠시 나를 주의 깊게 살피던 아네테가 이렇게 말했다.

"그보다 당신은 염소가 맞아요."

염소라고? 그래……염소!

안도와 고마움이 물밀 듯 밀려왔다. 안도감은 내가 양이라는 선언에서 겨우 피할 수 있게 되었기 때문이고, 고마움은 아네테가 절대적으로 맞았다고 생각하기 때문이다. 염소가 내 수준에 훨씬 어울린다. 분명 코끼리는 짧아서 편리한 목을 가지고 있지만, 내가 그 녀석들과 무슨 관계가 있단 말인가? 내 말은, 실용적인 관점에서 봤을 때 자연환경에서 노니는 코끼리를 본다는 건 일생에 단 한 번 올까 말까 한 기회인 데다 지구 반 바퀴를 돌아야 가능한 일이었다. 반면 내가 살고 있는 데서 그놈의 도로를 따라 조금만 내려가면 한 무더기의 염소가 있다.

알겠다. 이건 엄청나게 상투적인 상황이다. 나는 불확실한 문제 때문에 주술사를 찾았고 그녀는 내게 꿈을 좇으라고 말했다. 친애하는 독자들이여, 이 프로젝트에는 뒤죽박죽인 어떤 꿈이, 또는 내가 이렇게 말해도 된다면 아주 어린 시절부터 갖고 있던, 반쯤밖에 기억나지 않는 영상이 들어 있다.

그 영상은 이렇다. 잎이 무성한 화분이 있는데, 어느 날 내가 그걸 먹어버리기로 결심한다. 먹는 방식을 각별히 기억하고 있는 이유는 내가 그것을 손을 쓰지 않고 먹기로 했기 때문이다. 나는 이빨로 잎이 달린 가지를 힘껏 당겼던 것을 기억한다. 고개를 뒤로 결연하게 젖히자 줄기가 내 입안에서 툭 잘렸고 난 잎을 씹기 시작했다.

이 단편적인 마음속 영상에서 내가 몇 살인지는 확실치 않지만, 손을 쓰지 않고 화분의 잎들을 먹는 일은 분명 어떤 심오한 기분을 맛보게 해주었고 지금까지 내게 생생하게 남아 있다.

지혜로운 아네테는 내가, 아, 그토록 논리적으로(말하자면 그

렇다는 거다) 당도하게 된 코끼리에서 나를 해방시켜주었고, 별로
의도하지도 않고서 꿈을 지키라는 메시지까지 주었다! 코끼리가
이빨로 가지를 끊어내나? 아니다. 코끼리는 팔과 다름없는 코를
사용한다. 코끼리가 풍경 속을 질주하며 달리나? 불가능하다. 코
끼리는 질주할 수 없는 육체를 타고났다! 하지만 염소는? 두말하
면 잔소리다.

염소.

주방에서 사슴 춤을 선보이는 아네테.

아네테는 한 치의 망설임도 없이 바로 요점으로 들어갔다.

"그래서 당신은 어떤 식으로 비인간 존재가, 이 경우에는 동물이 될 수 있을까요? 그러니까 옛날 식으로는 주술 전통에서 하던 의식도 있고 마법도 있고 영적인 방법도 있잖아요. 그리고 또 다른 한 가지 방법으로 움직임이 있는데, 당신은 그 외형을 보고 따라 할 수 있을 거예요. 그래서 미국 남서부의 푸에블로 사람들은 뿔이 달린 사슴 머리뼈를 반 정도 가지고 있기도 해요. 그걸 쓰고서……."

아네테는 테이블에서 일어나 상상의 사슴뿔을 쓰고 머리를 옆으로 흔들기 시작했다.

"그리고 그 무게를 느끼는 거예요……그러고 나서 막대기 두 개를 짚는 거죠."

아네테는 양손에 상상의 사슴 다리 막대기 끝을 쥐고 팔을 앞으로 내밀고는 주방에서 리듬에 맞춰 스텝을 밟으며 사슴 춤을 선보였다. 그러고는 이렇게 설명했다. "이런 식으로 네발짐승이 되는 거예요. 다리 끝에는 발굽도 있어요. 이렇게 영혼의 춤을 추면서 사슴을 불러내 영예로운 마법을 시작하는 거죠."

아네테는 벽난로 위 선반을 향해 스텝을 밟더니 한쪽 끝에 검은 구슬이 매달린 짧은 막대를 집어 들었다. 요령이다. 그녀는 계속해서 주방을 돌아다니면서 요령을 흔들기 시작했다.

"이것도 한 방법이에요……영혼이 있는 동물이 되는 방법. 이런 가벼운 소리가 나는 요령 말이에요……아름다운 동물의 가벼움이죠."

아네테는 리듬에 맞춰 요령을 흔들면서 주방에서 계속 춤을 추다가 깊은 콧소리를 내기 시작하더니 갑자기 모든 것을 멈추고 다시 테이블에 앉아서 내게 요령을 살펴보라며 건넸다.

"이런 요령은 전 세계에서 사용한답니다. 수사슴과 순록으로 만든 훨씬 더 큰 요령도 있는데 그건 더 깊은 소리가 나죠. 근데 이건 유럽 노루의 발굽이에요." 아네테는 요령 끝에 달린 구슬을 가리키며 이렇게 말했다.

"이거 하나하나가 손톱 같은 거죠. 뼈도 하나 있었는데 그건 내가 뽑아냈어요. 손가락뼈 끝부분이었던 것 같아요."

"섬뜩한데요."

"그런가요, 그건 크리스마스이브 프로젝트였는데."

아네테는 말을 이어갔다. "어떤 점에선 차가운 모방을 통해서 시작해요. 그렇지만 그러고 나면 당신은 '이 세상과 저세상의 중간 상태'나 '초-엑스터시' 혹은 '의식이 변한 상태'로 진입할 수 있죠." 아네테는 용어 자체는 중요하지 않다는 듯 단어들을 크게 부각시키지 않으면서 말했다. "당신은 사슴의 영혼을 불러내 경의를 표함으로써 그 동물의 눈으로 세상을 보는, 이런 변신을 경험할 수

알려진 것 가운데 가장 오래된 시베리아 주술사의 그림.
네덜란드 탐험가 니콜라스 빗선이 시베리아를 여행한 뒤에 쓴《북동 타타르》(1692)에 실려 있다.
이 책은 북을 들고 의식을 거행하고 있는 에벤키 주술사를 그린 뒤
"주술사 또는 악마-성직자"라고 설명을 붙였다.

사냥꾼의 춤 또는 사슴 춤. 알폰소 로이벌이 1932년경에 그렸다.

산후안푸에블로 사슴 춤. 리처드 어도스가 1977년경에 찍었다.

있는 거예요."

아네테는 의자에 기대며 이렇게 결론 내렸다. "그리고 이렇게 의식이 변한 상태는 상당히 도움이 되죠."

"네, 그렇겠네요." 나는 고개를 끄덕이며 동의를 표하긴 했지만, 런던의 유해업소를 찾지 않고 어떻게 초-엑스터시 상태로 진입할 수 있을지 의아했다. 아네테는 말을 이어갔다. "하지만 이런 사람들은 동물을 아는 사람들이에요. 이들은 일생 동안 동물들의 삶과 방식을 추적하고 관찰하고 기억했죠. 뼛속 깊이 새겨진 거예요. 그래서 당신이 그 동물에 대해 아는 것이 하나도 없으면 그게 얼마나 효과가 있을지는 모르겠어요."

나는 아네테가 하나도 없다는 표현을 강조하자 기분이 약간 상했다. "그 동물"에 대해 분명 약간은 알고 있기 때문이다. 하지만 생각해보니 나는 살아 있는 동물보다는 죽은 동물(의 일부)을 훨씬 더 많이 보면서 지내고 있었다. 슈퍼마켓만 가보아도 다양한 종의 토막 난 죽은 동물들이 많지만, 공원에 산책을 나가보면 어떤가? 비둘기와 개 몇 마리 정도뿐이다. 나는 재빨리 조사를 좀 해보았다. 우리 동네 슈퍼마켓에 있는 동물 종의 수는 스물아홉 가지인 반면, 동네 공원에 산책을 나가서 볼 수 있는 동물 종은 호모 사피엔스 포함 달랑 둘뿐이다.

그러니까 동물을 추적하고 사냥하며 자란 사람들하고 비교했을 때 동물에 대한 내 지식은, 그러니까 일생을 도시에서만 살았던 나의 지식은 전무하다는 아네테의 핵심은 공정한지도 모른다(내가 비인간 동물과 접촉이 거의 없다는, 새롭게 깨달은 이 사실이 별로 유쾌하지는 않지만 말이다. 그래서 나는 고양이를 얻어오기로 결심했다). 사실 그건 그녀가 가끔씩 전문적으로 하는 일이었다. 아네테는 "도시인들을 수렵 채집 시절의 영혼에 다시 연결"시켜주곤 했다. 그리고 그녀의 말에 따르면, "사람들은 마치 물 만난 오리처럼 그걸 좋아한다".

우리는 대화를 이어갔고, 아네테는 시베리아에서 영양 춤을 추는 주술사의 사진을 찾아왔다(샤머니즘은 '아메리카 원주민들의 것'이라는 내 생각이 맞았다. 그 단어는 원래 시베리아에서 온 것으로, 요즘에는 지구 모든 지역의 토착 문화에서 발견되는 유사한 행위들을 묘사하는 데 쓰인다). 거의 100년 전에 찍힌 사진이라는 사실을 지적하자 아네테가 나를 뚫어져라 쳐다봤다.

"사람들은 동물과 인간 간의 거리를 메우기 위해 항상 노력해왔어요. 항상 말이에요."

그리고 그녀 말이 맞는 것 같다.

* * *

1939년 오토 볼칭Otto Volzing이라고 하는 독일 지질학자가 독일 남부 슈바벤알프스 지역의 홀렌슈타인 슈타델Hohlenstein-Stadel 동굴의 발굴을 돕고 있었다. 이 작업은 성공적이어서 볼칭은 남성, 여성, 아이의 두개골뿐만 아니라 석기 시대 인간 서른여덟 명의 골격을 발굴했다. 세월의 더께에 파묻혀 이제는 알 수 없게 된 어떤 이유로 인해 이들의 머리는 잘린 채 동굴 입구에 매몰되어 있었고, 모두 남서쪽을 응시하며 줄지어 있었다. 인간 문명은 독일에서 시작되었다는 신념의 증거를 찾기 위해 나치 친위대가 자금을 댄 이 발굴 작업은 2차대전이 발발하면서 바로 중단되었다. 징집 명령을 받은 볼칭은 마지막 날 동굴 뒤편에 깊이 파묻혀 있던 상아 파편 한 무더기를 찾아냈다. 그는 이 상아 조각들을 상자 하나에 부지런히 담고서는 연합군에 맞서 싸우기 위해 떠났다.

이 상아 조각이 든 상자는 결국 지역 박물관으로 옮겨졌고 거기서 잊혀졌다. 그러다가 1969년, 소장품 목록을 만들던 사람이 이 파편들은 털북숭이 매머드의 상아이고 사실은 작은 조각상의 일부임을 알아냈다. 파편을 맞추자 사자 머리를 한 인간 형상의 조각이 나타났고, 최신 연대추정기법은 그것이 4만 년 전에 만들어졌음을 밝혀주었다. 덕분에 조각상은 현존하는 비추상 예술품과 구상 조각품 가운데 가장 오래된 작품임이 확인되었고, 게다가 인간과 동물의 혼성체였다.

왜 이런 물건을 깎았는지 우리로서는 알 길이 없지만, 엄청난 노력의 산물인 것만은 분명하다. 한 조각가가 최근에 약 4만 년 전에 쓰이던 부싯돌 비슷한 것만 가지고 (코끼리의) 상아를 깎아 똑같은 작품을 만들어보았는데, 꼬박 3개월이 걸렸다. 이 점은 그 작품이 제작자들에게 중요한 일이었음을 시사한다. 어쩌면 그저 장난감 같은 것이었을 수도 있지만(사자 인간이 내게는 웃는 얼굴처럼 보인다) 지금까지 가장 그럴듯한 추정은 그것이 영적인 부적으로 쓰기 위해 만들어졌으리라는 것이다.

4만 년 전에 조각된 홀렌슈타인 슈타델 동굴의 '사자 인간'.
이제까지 발견된 구상 예술 작품 중 가장 오래된 것이다.

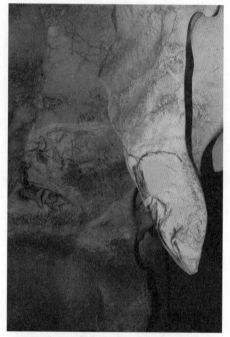

3만 년 전 쇼베 동굴 깊은 곳의 암석 기둥에 그려진 들소 머리 인간.

창에 찔려 내장이 빠져나온 것처럼 보이는 들소 앞에 누워 있는(죽어 있는?),
새 머리를 한 남자와 머리 부분이 새 모양으로 된 물건.

트루아프레르 동굴의 작품은 목탄으로 그려진 데다
암석에 새겨져 있어서 사진으로 식별하기가 어렵다.
하지만 동굴을 발견한 사람이 이 동굴 작품을 스케치해놓았다.
위: 뿔과 꼬리가 있는 마법사의 모습.
아래: 들소 머리를 하고 코로 피리를 부는 남자. 새 모양으로 된 물건.

인간-동물 혼성체를 그린 그림은 후기 구석기 시대 사람들이 드나들던 다른 동굴의 가장 깊은 곳에서도 발견된 적이 있다. 가령 프랑스 아르데슈 협곡의 쇼베 동굴에도 그런 그림이 있다. 1990년 대 초에 3명의 동굴 탐험가가 우연히 발견한 이 동굴은 2만 5,000년 만에 처음으로 세상에 알려졌다. 여기에는 동물 그림 수백 점이 있는데, 가장 깊은 방에는 3만 년 전에 누군가 그려놓은, 반은 인간이고 반은 들소인 혼성체가 있다. 또한 프랑스 라스코의 한 동굴에는 새 머리를 하고 바닥에 누워 있는 (발기 상태의) 남자 그림이 있는데, 무려 1만 6,500년 전에 그려진 것이다. 또 프랑스 아리에주의 트루아프레르 동굴에 있는 약 1만 3,000년 전에 그려진 소위 마법사 그림에는 한 남자가 사슴뿔을 쓰고 춤을 추고 있다.

이 모든 예가 유럽의 극히 작은 지역에서 발견된 것들이다. 예전에는 석기 시대 유럽인이 조각과 그림이라는 행위를 발명했다고 생각하기도 했다(이 생각은 창의성의 인지적·문화적 출발점이 유럽인에게 있다는 의미로 연결되어 유럽인과 그 후손들이 비범하다는 19세기적 세계관을 강화했다). 하지만 이런 유럽 중심적인 관점은 유럽의 환경이 보존에 적합하고, 무엇보다 연구에 알맞다는 사실 때문에 초래된 것 같다. 인도네시아의 동굴에 있는 일부 동물 그림들은 2014년에야 한 과학자가 정확한 연대 추정을 위한 연구에 들어갔는데, 그는 그림들이 3만 5,000년에서 3만 9,000년

되었음을 알아냈다. 이는 유럽에서 가장 오래된 그림들과 비슷한
시기다. 인도네시아와 유럽의 유사한 그림들이 시기적으로 비슷
하지만 지리적으로 멀리 떨어져 있는 것은, 6만 년 전쯤 북아프리
카에서 동으로는 인도네시아, 서로는 유럽으로 인구가 퍼져나가
기 전부터 유사한 행위가 시작되었음을 시사한다.

　사람이 사자 인간이나 들소 인간, 새 인간(내 경우에는 염소인
간)이 된다는 상상을 처음으로 했던 때가 실제로 언제였는지 누가
알겠는가? 하지만 동굴 그림과 작은 조각상들은 유사 시대 이전
사람들이 세상에 대해 품었던 믿음('나는 누구인가', '나는 왜 여기
에 있나', '나는 어디로 가고 있나' 같은 영원한 질문에 답하기 위한
인류 최초의 시도들)을 상징하므로, 어쩌면 사람들은 아네테의 말
처럼 항상은 아닐지라도 아주아주 오래전부터 인간과 다른 동물
간의 차이를 메우려고 해왔는지도 모른다. 그러니까 정말 염소가
되고 싶어 하는 것은 지극히 평범한 수준인 거다. 사실 역사적으로
말해서 염소가 되고 싶지 않은 게 더 이상할 정도다.

* * *

　나는 아네테에게 주술사는 어째서 동물로 변신하고 싶어 하는
지를 물었다.

아네테는 샤머니즘은 모든 인간이 수렵 채집인으로서 뭐든 찾
아내거나 죽일 수 있어야 살아남을 수 있던 시절에 시작되었다고
말했다. 주술사라면 동물을 추적하고 사냥하기 위해 직접 동물과
하나가 되려고 할 것이다.

그런데 애니미즘이라는 세계관도 있다. 이 세계관에서는 영혼
을 가질 수 있는 존재, 또는 사람 취급을 받는 존재는 인간만이 아
니다. 동물 역시 사람과 다르지 않다. 이건 주술적인 사냥꾼에게
약간의 난제를 제시한다. 동물을 사냥해서 죽인 뒤 먹어야 하는데
그 동물이 사람과 같다면 그건 살인이자 식인이기 때문이다. 따라
서 주술사가 동물이 되고 싶어 하는 또 다른 이유는 동물을 죽인
것에 대한 용서를 동물의 영혼에게 구하기 위함이다. 내가 보기에
이건 조금 역설적인 것 같다.

"동물이 되려는 게 말하자면 죄책감을 줄이기 위해서라고요?"
나는 내용을 분명히 이해하기 위해 아네테에게 이렇게 물었다.

"음, 동물들이 당신의 친족임을 인정하는 것과 같다고나 할까
요. 동물은 당신의 친척이고, 우리 사이에는 약속이 하나 있어요.
사냥은 하나의 조약 같은 거예요. 사슴이 사람과 만나 사람에게 살
육당하는 걸 용인하게 하려면 당신은 올바른 행위로 영예를 표현
해야 해요. 이 과정의 일부가 포획되는 거죠. 그리고 물론 당신도
당신 역할에 충실해야 해요. 그러나 인간은 그 역할을 제대로 하지

않고 있죠."

아네테는 오늘날에도 주술사와 사냥꾼이 남아 있는 시베리아의 유카기르Yukaghirs라는 민족에 대해 이야기했다. "이 사냥꾼들은 스스로 인간됨에서 벗어나 동물과 하나가 되려고 해요. 그래서 동물처럼 생각하고 동물을 추적할 수 있는 거죠."

아네테는 내게 《영혼 사냥꾼Soul Hunters》이라는 책을 권했다. 이 책을 쓴 인류학자 라네 윌러슬레브Rane Willerslev는 18개월 동안 시베리아의 깊은 숲속에서 유카기르족 무리와 함께 사냥하며 생활했다. 이 책에서 윌러슬레브는 올드 스피리돈Old Spiridon이라고 하는 한 사냥꾼을 묘사하는데, 그는 모자에 엘크 귀를 달고 엘크 다리 가죽으로 스키를 감싸는 것도 모자라 엘크 털로 된 옷을 입고 엘크 사냥을 했다. 그렇게 하면 엘크가 눈 위를 움직이는 듯한 소리가 났다. 윌러슬레브는 올드 스피리돈이 엘크 한 마리와 그 새끼를 궁지에 몰아넣을 때 그가 마치 먹잇감처럼 움직이고 행동하는 모습을 옆에서 지켜보았다. "엘크를 따라 하는 그의 행동에 사로잡힌 암컷 엘크는……불신을 유예시킨 뒤 그를 향해 곧장 다가오기 시작했다." 그러자 올드 스피리돈은 그 엘크와 새끼를 쏘아 죽였다. 이 모든 행위는 대단히 논리적이고 이해하기 쉽다. 오리 소리를 낼 수 있으면 오리를 죽이는 데 도움이 되듯, 엘크가 '된다'는 것은 분명 엘크를 죽이는 데 도움이 된다. 그 동물들과 만났

던 순간에 대한 올드 스피리돈의 설명은 이보다는 이해하기가 쉽
지 않다. 그는 그 엘크가 "내게 손짓하는, 아름답고 젊은 여성"처
럼 보였다고 말했다. "내가 그들과 함께 갔더라면 나 자신은 소멸
되었을 것이고, 그러면 그 순간 그 둘 모두 쏴버렸을 것이다." 올드
스피리돈은 엘크가 되었을 뿐만 아니라 엘크 역시 인간이 되었다.
아네테와 유카기르족, 그리고 다른 주술계 사람들에게 인간과 비
인간의 구분은 내가 생각하는 것보다 훨씬 더 유연했다.

　올드 스피리돈 같은 이야기를 접하면 서양에서 나고 자란 나
같은 사람은 그럴듯하게 꾸며낸 이야기라고 말할 것이다. 그리고
꾸며낸 것이 아니라면 그저 화자가 망상에 빠진 사람일 뿐이라고
할 것이다. 더 현대적이고 문화적 다양성을 존중하는 사람이라면
"아아, 그 현자는 비유적인 표현을 한 걸 거예요. 그러니까 그 엘
크가 여자가 된 것 같았다, 혹은 그 주술사가 마치 염소가 된 것 같
았다는 뜻인 거죠"라고 말할 거다. 그리고 그 거짓말을 하고 있거
나 망상에 빠졌거나 현자인 원시인이 "아니요, 그건 비유가 아니
에요. 그 엘크는 여자였고, 맞아요, 주술사가 염소가 되었어요"라
고 고집을 부리면 미소를 띠고 고개를 끄덕이며 이렇게 말할 거다.
"암요, 물론이죠, 현자님." 그러고 난 뒤 목소리를 낮춰 이렇게 말
하는 거다. "그런데 그 사람들은 비유가 무슨 뜻인지 모르잖아, 후
후?"

나는 다소 과학적인 경향이 있는 사람이고 고대의 신념 체계가 반드시 자연계에 더 잘 맞는다고 떠받드는 편은 아니다. 가령 고대 애버리지니가 호주에 도착했을 때 이들은 사냥으로 대형 포유류의 60퍼센트를 멸종시켰다.* 하지만 나는 염소가 되려고 노력 중이기도 하고, 게다가 주술사인 아네테는 친절하고 똑똑한 사람이며 망상에 빠져 있거나 미개하거나 지적으로 단순하지 않았다. 하지만 어쨌든 그녀는 동물과 사람에 대해 나와는 대단히 다른 관점을 갖고 있는 것만은 사실이었다.

윌러슬레브는 이렇게 묻는다. 이런 주술사들이 자신은 동물이 될 수 있고 동물은 사람이 될 수 있다고 말할 때 이 말이 사실일 가능성을 고려해보면 어떨까? 나는 그가 뭔가 엄청난 진실에 닿았다고 생각한다. 그러니까 내 말은 두 집단이 완전히 동일한 상황을 바라보면서 크게 다른 결론에 이르렀을 때, 두 결론은 세상에 대해 전제한 가정이 무엇인지에 따라 모두 맞을 수도 있다. 그렇지 않은가? 비록 이제까지 한 번도 없던 일이긴 하지만. 윌러슬레브는 인간과 동물의 변형 가능성에 대한 의견 차이를 추적하다가 결국 무엇이 인간을 인간이게끔 만드는가에 대한 근본적인 철학에 이르

* 그리고 유카기르족의 남획으로 그 지역의 엘크 개체수가 감소했다. 말이 나온 김에 덧붙이자면 미국의 버펄로나 영국의 곰도 많이 남아 있지 않다..

게 된다.

자, 상냥한 독자들이여, 나는 철학 전공자가 아니다. 만일 여러
분이 철학자라면 다음 몇 문단은 그냥 건너뛰어주기를 바란다. 지
난 수백 년간 수천 쪽에 달하는 철학 논문을 통해 꾸준히 이어지
고 있는 담론에 너무 겁 없이 달려들어 아주 섬뜩한 방식으로 두
들겨 패고 욱여넣었다고 생각하기 때문이다. 난 이미 경고했다.

월러슬레브는 책에서 서양에서 교육받은 나 같은 사람들이 자
기 자아와 다른 존재에 대해 갖고 있는 근본적인 가정은 아직도
르네 데카르트의 철학과, 1641년에 출간된 그의 책《제1 철학에 관
한 성찰*Meditations de prima philosophia*》에 묘사된 유명한 사고 실험의
영향 아래에 있다고 주장한다.

이야기는 이렇다. 어느 날 밤 불가에 앉아 있던 데카르트가 혼
자 이렇게 자문했다. 나는 무엇을 확실히 알 수 있을까? 내가 경험
한다고 생각하는 모든 현실은 사악한 악마가 만들어낸 환상일 수
도 있다. 요즘 식으로 표현하면 우리는 전부 거대한 컴퓨터 시뮬
레이션 안에 있는 것일 수도 있다. 내가 불 옆에 있는 의자에 앉아
있는 것처럼 보인다 해도, 나는 어떻게 그 불이 존재한다는 걸 알
수 있을까? 꿈꾸는 것일 수도 있고, 아니면 내게 육신이 있고 여기
에 앉을 의자가 있다는 건 환상이고 나는 그저 육신에서 분리된
해괴한 어떤 영혼일 수도 있다. 나는 모든 것을 의심할 수 있다. 내

가 존재한다는 사실은 대체 어떻게 알 수 있을까? 데카르트는 이같이 존재에 대한 방법론적 의심을 통해 어느 정도 확신할 수 있는 견고한 기초를 확립하고자 한다. 그는 최소한 한 가지는 확신할 수 있는데, 그것은 바로 이 모든 것을 의심하는 무언가가 있다는 사실이라고 추론한다. 모든 물리적 현실은 환상일 수 있지만, 이런 의심을 하려면 어떤 사고 활동이 일어나야 하고 따라서 그 사고를 하고 있는 '나'가 존재해야만 한다. 코기토 에르고 숨. 나는 생각한다, 고로 존재한다.

모든 것이 의심스러운 세상에서 이 한 가지 확실성을 정립한 데카르트는 그 사고 활동을 하는 나, 즉 마음은 몸과 분명 다르다는 주장을 이어간다. 이 둘이 동일해지려면 동일한 필연적인 속성들을 가져야 하는데, 데카르트는 몸이나 연필 같은 물리적인 대상은 부분으로 나눈다는 상상을 쉽게 할 수 있지만, 마음 안에서는 '부분을 식별'할 수 없다고 주장한다. 마음은 '단일하고 완전한 어떤 것'이라는 것이다. 따라서 몸은 본질적으로 구분 가능하고 마음은 본질적으로 구분 불가능하며, 하나의 것에 이 두 모순적인 속성이 한꺼번에 담겨 있을 수는 없기 때문에 몸과 마음은 서로 별개의 것임에 틀림없다.

따라서 데카르트는 이성을 어떤 것이 자아를 가지려면 반드시 가져야 할 기본적인 특성으로 승격시켰고, 이성적인 마음을 육체적인 몸과 분리시켰다. 만일 당신이 데카르트처럼 기독교인이라면 몸과 마음이 별개라는 주장은, 인간에게는 영원한 혼이 있어서 육신이 죽고 나면 분리되어 천국으로 간다는 생각과 훌륭하게 맞아떨어진다는 사실을 금세 깨달을 것이다. 나아가 데카르트는 동물은 이성적인 사고를 할 수 없기 때문에(그들은 '나는 생각한다, 고로 존재한다'는 생각을 할 수 없다) 의식이 있다고 볼 수 없다고 주장한다. 따라서 동물은 사실상 생물학적 자동 장치일 뿐이고, 따라서 아무리 동물이 고통스러운 비명 따위를 질러대도 시계의 째깍거림처럼 순전히 기계적인 반응으로 보고 무시할 수 있다(데카르트는 생체 해부의 선구자였다).

데카르트의 고전적인 추론은 데카르트 이원론이라고 알려지게 되었고, 서양 과학과 철학은 마음과 몸, 이성과 본능, 문명과 야만, 인간성과 동물성, 객관성과 주관성 등 다양한 형태의 이원론에 상당히 큰 영향을 받았다. 그리고 이런 이원론은 이후로 숱한 문제를 야기하고 있다. 하지만 지금 여기서 중요한 함의는 동물에는 의식이 없고, 더욱 근본적으로는 우리 인간의 의식이 물리적인 세계와 독립적이라는 데 있다.

그러면 이제는 철학자 마르틴 하이데거를 살펴볼 것이다. 나와 함께 지성의 깊은 바다를 익사하지 않을 정도까지만 헤엄쳐보자.

데카르트 이원론에 대한 현상학적 대안을 제시한 사람은 여럿

있지만, 그중에서도 1960년대에 하이데거가 제시한 방법은 데카
르트를 거꾸로 뒤집는 것이다. 일단 하이데거는 사고 대상이 존재
하지 않고는 사고 자체가 사실상 불가능하다고 지적한다. 그러니
까 데카르트의 "나는 생각한다, 고로 존재한다"는 사실 "나는 무언
가에 대해 생각한다, 고로 존재한다"가 되어야 한다. 우리가 사고
하고 추론하는 여러 대상 중 하나가 우리 마음일 수도 있지만, 우
리는 그 외 많은 것들에 대해서도 사고할 수 있다. 그리고 여기서
틈새가 벌어진다. 나 자신의 사고에 대한 생각이, 나의 인지된 존
재 상태의 여러 측면을 구성하는 생각보다 더 근본적인 이유는 무
엇인가? 하이데거는 존재, 나의 근본적인 측면은 추론을 할 수 있
는 마음이라는 생각에 기본적으로 반대한다.

　물론 우리는 자신에 대해 이야기하면서 마음이 육신으로부터
분리되어 있을지 모른다거나, 마음이 눈 바로 뒤에서(데카르트가
상상한 곳은 뇌의 중심에 있는 송과체다) 발산되어 결정을 내리
고 우리 몸에 이런저런 것들을 하라고 명령한다고 추론할 수도 있
다. 하지만 이런 합리적인 고찰은 한 가지 사고 양식일 뿐이며, 이
는 대부분의 경우 어쨌든 존재한다는 것이 어떤 것인지를 알려주
지 않는다. 결국 우리는 손에 넣을 수 있는 근거를 가지고 판단할
수 있을 뿐이고, 나는 당신에 대해서는 모르지만, 순간순간 나의
존재는 무언가가 일시적으로 나의 관심을 끌면서 어설프게 확인

된다. 아, 코가 약간 간지럽다. 다리를 풀었다가 다시 꼬았다가. 아, 저 여자 좀 봐. 다시 일하러 가야지. 이 의자는 불편하네. 코를 긁다가. 잠깐만, 이렇게 하니까 흥분되는데. 숨 쉬는 걸 잊지 말아야 해! 아, 이런, 휴우, 숨 쉬는 건 자동이지. 그걸 일부러 생각하는 건 우스워.

보라. 어설프게 갈팡질팡하면서 뒤범벅된 상태로, 그러니까 철학적인 기분이 들 때는 데카르트처럼 추상적으로 추론할 수 있을 것 같지만, 좀 더 근본적인 수위에서는 불가피하게, 그리고 불가분하게 하이데거의 표현을 따르면 "세계-내-존재"로 살아가는 것이 인간인지도 모른다.

그렇다면 이것은 사람이 염소가 되고 염소가 사람이 되는 것과 무슨 관계가 있을까? 음, 현상학적 관점에 따르면, 우리 자아는 세계와 상호작용의 결과로 존재한다. 윌러슬레브는 유카기르족이 인간은 근본적으로 외부의 물질계에 휘둘리지 않는 독립적인 마음으로 존재한다는 데카르트의 관점보다는 현상학적 관점에 더 가까이 있다고 주장한다. 즉 유카기르족은 자신을 독립적인 별개의 마음들로 보지 않고 물리적인 맥락에 좌우된다고 보기 때문에 이들의 인격은 이들이 어디에서 무엇을 하는지에 의해 구성된다. 이는 주술 의식을 위한 장소의 중요성을 설명하는 데도 도움이 된다. 주술사들이 동물을 흉내 냄으로써 행동과 물질성을 바꾸는 것

은 자신들의 맥락을 바꾸기 위한 것이다. 그리고 우리가 누구인지
는 맥락에 따라 좌우되기 때문에, 맥락을 충분히 근본적으로 바꾼
다면 우리는 사실상 그 동물이 될 수 있다. 윌러슬레브는 유카기르
족이 동물이 되면 다시 뒤집을 수가 없기 때문에, 완전히 그 동물
이 되지 않기 위해서 몸과 행동을 너무 많이 바꾸지 않으려고 주
의한다고 적고 있다.

내가 정말로 염소가 되었다고 믿거나 아니면 행동과 움직임을
바꿔서 (실수로) 정말로 염소가 된 모습을 상상하기는 좀 어렵다.
그것은 단지 나의 성장 과정만의 문제는 아니다. 하지만 만일 올드
스피리돈이 행동을 통해 세상과의 관계를 바꿔서 암컷 엘크가 그
를 더 이상 위험한 인간 사냥꾼으로 보지 않게 되었고 올드 스피
리돈 역시 그 엘크를 사람으로 보게 되었다면, 그렇다면 잠시 엘크
는 사람이, 사람은 엘크가 되었다고 볼 수 있다. 유카기르족이 윌
러슬레브에게 지적하고 있듯 엘크의 관점에서 그건 사람이 맞다.

나는 내 프로젝트를 통해 관점을 이런 식으로 심오하게 바꿔
야 한다. 내가 염소로서 이 세상을 경험하고자 한다면, 가령 의자
를 보더라도 자동적으로 앉는 행위를 연상하지 않을 정도로 이 세
상에서의 내 맥락을 바꿔야 한다. 그리고 어떤 단어를 봐도 자동적
으로 그걸 읽지 말아야 하며, (또 다른) 염소를 보면 마치 나 같은
또 다른 사람이라고 생각할 정도가 되어야 한다.

* * *

디자인 정복 수업을 강의하기 위해 아네테의 오두막을 나서기 전 그녀는 내 프로젝트에 대해 마지막으로 한마디 했다. 그녀는 내게 "해당 동물을 존경하고 그 영혼을 불러내는 이 신비롭고 영적인 과정"으로 깊이 빠져보기를 권했다. 하지만 그녀는 결국 내가 "거기서 초자연성을 벗겨내야" 할 거라고 확신했다. 왜냐하면 그녀가 보기에 내가 하려고 하는, 자연에 한발 더 가까워지기 위해 기술을 이용하는 방식은 역설이기 때문이다. "50년 전이었으면 아무도 그런 미친 생각을 하지 않았을 거예요. 자연에서 이렇게까지 멀어지다보니 이미 완전히 바보 같은 극단에 이르게 된 것이죠. 그리고 이런 상황은 계속 나락으로 굴러떨어질 거예요."

"기술이 우리를 변화시키고 있어요. 그건 분명하잖아요." 나는 이렇게 말했다.

"당신 프로젝트가 그냥 동물 복장 하나 만들고 마는 것인지 마음을 정해야 해요. 가장 중요한 것은 사람들이 동물과 동류의식을 느끼고, 동물과의 격차를 메우고, 동물처럼 느낄 수 있는 방법을 찾는 게 아닐까요? 그러면 당신이 하려는 모든 것이 훨씬 단순해질 거예요. 신화 같은 일이기도 하고 교육에 가까운 일이기도 하고."

＊ ＊ ＊

몇 주 뒤 런던으로 돌아온 나는(그나저나 그 디자인 정복 수업에 참여한 모든 사람이 디자인 역사상 가장 위대한 교육학의 사례에 해당할지 모른다고 입을 모았다) 샤머니즘의 영적인 측면을 좀더 깊이 파고들기로 결심하고는 친구 시몬을 살짝 꼬드겨서 웨일스의 뉴포트에서 열리는 '주술 여행 입문'이라는 토요일 워크숍에 함께 등록했다. 오랜 친구인 시몬은 (어릴 적 트라우마 때문에) 웨일스 방문이 썩 내키지 않았지만, 비현실로의 기이한 출격을 환영했다. 우리는 십 대 때부터 다소 어이없는 여러 가지 프로젝트로 서로를 도우며 지냈다. 웨일스로 가는 길에 우리는 그날 하루를 열린 마음으로 지내기로 결심했다(그리고 나는 시몬에게 그 누구도 무자비하게 비웃지 않겠다고 맹세하도록 했다). 우리는 편안하게 여행할 수 있도록 쿠션과 눈가리개, 담요를 가져오라는 요청을 받았고, 이에 나는 우리가 잠시 정신 줄을 놓을 수 있겠다고 생각했다. 나는 내 보호 동물 정령이 염소였으면 하고 간절히 바라고 있었다(그리고 염소가 아니라면 독수리나 치타 같은 간지 나는 거).

뉴포트전체론의학클리닉은 M4자동차전용도로에서 조금 떨어져 있는, 붉은 벽돌로 된 테라스 주택이었고, 워크숍은 모임 방에서 열릴 예정이었다. 함께 참여할 주술 입문자들은 코흘리개 학

생부터 장성한 자녀가 있는 중장년 어머니들까지 다양한 연령대
의 여섯 숙녀들이었다. 나는 이 숙녀들이 사자死者의 땅에서 특별
한 정령과 접촉하는 데 도움이 될 만한 물건을 가져오라는 특별한
지침을 받고 가져온 것들을 맥신에게 보여주며 하는 이야기를 엿
들으면서, 이중 몇몇은 개인적인 비극을 해결하기 위해 여기 왔다
는 인상을 받았다.

　의자는 한쪽으로 치워져 있었고, 우리가 가져온 쿠션을 각자
깔고서 빙 둘러앉자 맥신은 화이트보드 위에 주술 여행의 기초를
적고 설명하면서 우리가 개인적인 세상의 축axis mundix 등을 고를
수 있도록 도와주었다. 세상의 축은 내가 잘 아는 장소를 말하는
데, 평범한 현실에서 비범한 현실로 넘어가는 관문이 될 곳이자 위
에 있는 세상으로 기어올라가거나 아래에 있는 세상으로 파고 내
려가기 위해 내가 마음속에서 떠올리는 곳이다. 어린 시절 정원에
있던 나무, 그런 것도 아주 좋다고 맥신은 말했다. 맥신이 자신이
어쩌다가 주술사로 간택되었는지에 대한 사적인 이야기를 다소
장황하게 털어놓으면서 하루가 지나갔고, 마침내 늦은 오후가 되
어서야 우리는 각자의 여행을 떠날 시간을 맞게 되었다. 우리는 쿠
션 위에 등을 대고 누웠고 나는 눈을 감았다. 맥신이 빠르고 강렬
한 리듬으로 북을 울리기 시작했고, 나는 내 세상의 축을 떠올리고
는 그 뿌리를 깊이 파내려갔다. 깊이, 깊이, 깊이, 그러자 음, 뭔가

되긴 되는 거 같네…….

나는 어떤 패턴을 보았고 천상의 하모니 같은 노랫소리를 듣기 시작했다. 그러더니 마치 너울거리는 불꽃이 그림자 안팎으로 나타났다 사라지듯 흔들리는 것 같았다……. 뭔가 귀신처럼 형체가 갖춰지지 않아서 포착하기 어렵고 거의 추상에 가깝지만 분명……토끼다. 그것은 빛과 어둠으로 된 패턴 안팎에서 춤을 추었고 절대 멈추어 서서 내게 말을 걸거나 무엇을 해야 한다고 말하지는 않았지만, 분명 흐느적거리는 그림자 안팎을 가볍게 움직이고 있었다. 그냥 나타났다가 사라지기도 하고 펄쩍 뛰어올랐다가 어둠 속으로 날아가버리기도 했다. 북의 울림이 더 크고 빨라졌다가 갑자기 부드럽게 잦아들었다. 나는 맥신이 우리를 원래 세상으로 돌아오라고 부르는 소리를 들었다. 내가 비범한 현실에 얼마나 오래 머물렀는지는 확실하지 않다. 아마 15분 정도였으리라. 그걸로 우리의 여행은 끝이었다. 모두가 천천히 몸을 일으켜 정신을 차리고 방을 둘러본 뒤 다시 원형으로 둘러앉아 우리가 본 환영에 대해 이야기했다. 아무런 일도 겪지 않은 사람도 있었다. 코흘리개 소녀는 용의 등에 올라 사자死者의 땅 깊은 곳으로 들어갔다가 도마뱀 외계인들과 함께 이 세상의 상태를 논하러 우주로 갔다가 그다음에는 천국으로 날아가서 하느님 또는 그 비슷한 존재를 만나는 대서사시 같은 모험을 했다고 주장했다. 내 차례가 되자 나는 토끼의 간단한 강림과 천상의 노래에 대해 이야기했다. 맥신은 기뻐했다. 나 역시 조금 기뻤다. 좋아. 염소는 아니지만 최소한 어떤 정령이 나를 찾아온 거잖아. 시몬의 차례가 되자 이상하게도 시몬 역시 토끼가 찾아왔다고 말했다. 이상하다. 이건 어떤 의미일까? 맥신 역시 뾰족하게 설명하지 못했지만, 나중에 우리가 같이하게 될 일과 어떤 연관이 있는지도 모른다고 이야기했다.

맥신은 우리가 비범한 현실에서 우리 몸으로 완전히 돌아와 이제는 운전을 해도 괜찮을지 확인하고자 모두의 눈을 차례로 들여다본 뒤, 떠날 채비를 하는 우리를 향해 주술 전문가의 도움을 받지 않은 채로 여행을 떠날 생각은 하지 말라며 경고했다.

다시 런던으로 되돌아오면서 나는 시몬에게 우리 둘 다 토끼 환영을 본 것에 대해서 어떻게 생각하는지 물었다.

"음……그거 《워터십 다운*Watership Down*》에 나온 토끼들 아니야?"

오……아, 맞다. 기억난다. 우리 둘의 환영은 귀신같이 생긴 토끼가 나오는 어린 시절 만화의 한 장면에 크게 의지하고 있는 듯했다.

"그리고 네가 환청으로 들었다고 말한 천상의 노랫소리는 맥신이었어."

오……맥신이 노래를 불렀고, 내가 영적인 세계에서 온 소리가 아니라 그저 내 귀로 맥신의 노래를 들은 거였다고? 오, 나는 이것이 더 말이 된다고 생각했다. 맥신은 인간 치고는 노래 실력이 꽤 훌륭하긴 하지만 말이다.

"너 완전 등신이야." 시몬이 말했다.

* * *

웨일스에서 현대적인 주술을 맛보기로 체험하고 난 뒤 심사가 완전히 뒤틀려버린 나는 인식의 변화라는 이 주제에 정면으로 대응해야 할지도 모르겠다고 마음을 굳히고 있었다. 아네테는 언급하지 않았고 맥신은 그 문제를 회피했지만 향정신성 물질도 주술적인 의식에서 사용되는 도구 중 하나라는 건 다 아는 사실이다. 그리고 친애하는 독자여, 나는 어떤 식물성 물질을 손에 넣었는데, 이 물질은 인식의 문들을 통과하면서 거꾸로 곤두박질치고 완전 광인처럼 비틀거리며 걷다가 가구와 다른 모든 사람을 쓰러뜨리는 등 내 인생 최악의 경험을 선사했다. 그리고 아, 나는 염소가 된다는 게 어떤 것인지를 알 수 있는 체험에 조금도 가까워지지 못했음을 상당히 확신한다. 염소가 된다는 것이 완전히 맛이 가서 세상이 온통 기이한 기하학같이 느껴지고, 비 오는 날 지갑도, 핸드폰도, 열쇠도, 신발이나 양말도 없이 집 밖으로 쫓겨나는 것과 하

등 관계가 없다면 말이다. 여러분들에게 말하건대 이건 행복한 상
황이 아니다. 빗속에서 맨발로 있으면 완전히 미친놈처럼 보이고,
그건 다시 말해 사람들이 도와줄 가능성이 훨씬 적다는 뜻이기 때
문이다. 특히나 눈만 번뜩이면서 나 자신이 어떤 도움을 받고 싶은
지 모르는 상황일 때는 더욱더. 존재의 불안이나 무료함, 비통함에
서 벗어나려고 (합법적이든 불법적이든) 온갖 종류의 마약을 사
용하는 것은 인간 존재의 큰 부분을 차지한다. 완전히 취해서 머릿
속에 들어찬 생각에서 벗어나는 것, 자신의 인식을 바꾸려는 것 말
이다. 하지만 이 경우 나는 아무런 도움도 받지 못했다. 오히려 내
걱정과 두려움은 대서사시처럼 확대되었다. 결국 나는 여자 친구
의 집으로 데려다 달라고 택시 기사를 설득했다. 전혀 재미있지 않
았다……. 그리고 내가 그 일에 대해 말할 수 있는 건 이게 전부다
(덧붙임: 꼬마들아, 강력한 환각 식물을 조심, 또 조심해라).

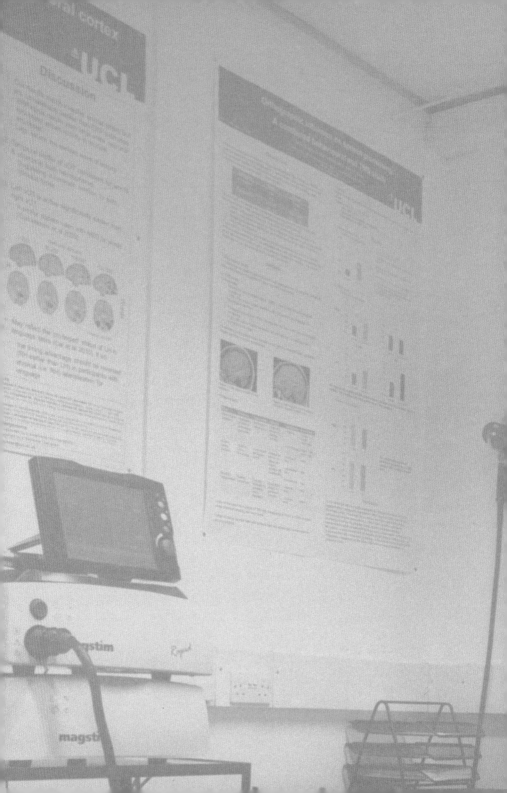

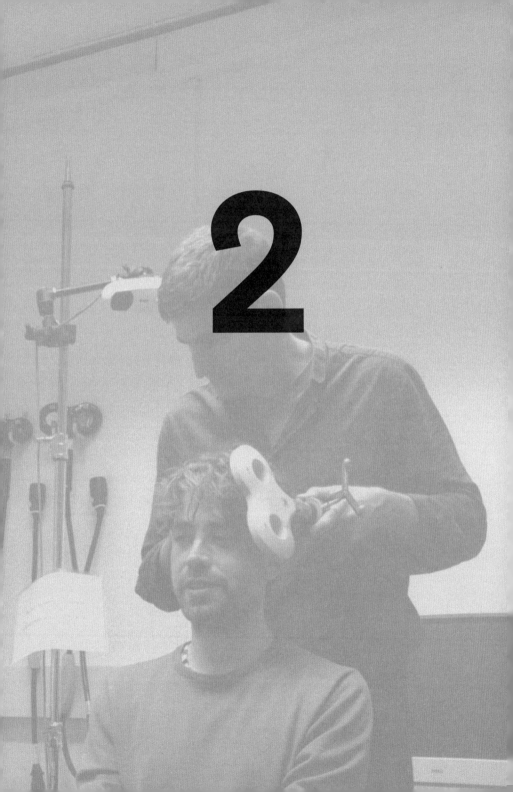

2

마음

—

MIND

버터컵 염소 보호소
(화창한 새날)

나는 다시 현실로 돌아와 견고한 과학적 기반에 입각해서 염소의
인지라는 문제에 접근할 필요가 있었다. 그리고 영국 최고의 염소
행동전문가 앨런 맥엘리곳Alan McElligott 박사보다 염소의 정신적
삶에 대해 물어보기 더 좋은 사람이 어디 있을까?*

---

* 맥엘리곳 박사가 갖고 있는 염소에 대한 전문 지식은 염소에 대한 넘치는 열정보다는 실
용주의와 더 연관이 있다. (동물의 행동을 연구하는 과학자) 동물행동학자인 그가 염소를
택한 것은 염소들이 새로운 것을 좋아하기 때문이다. 즉 새로운 상황(그가 다양한 실험에서
사용하는, 특별히 만든 장치 같은)이 닥치면 염소들은, 가령 양과 비교했을 때 그 실험을 그
냥 무시하고 구석에 웅크리고 있을 가능성이 더 적다. 이런 호기심 때문에 염소들은 인지적
인 관점에서 흥미롭고 연구하기도 더 쉽다.

그와 그의 박사 과정 학생들은 학대당하는 염소를 위한 (세계까지는 아니더라도) 영국 내 유일한 보호소인 버터컵에서 염소들을 연구하는데, 마침 내가 사는 곳에서 길 하나만 건너면 되는 곳에 있었다.

버터컵 방문은 정말 흥미로웠다. 온 천지에 염소라니! 뜰에서 어슬렁대는 놈, 박치기를 하는 놈, 그저 순수한 즐거움을 위해 금속 먹이통을 뿔로 때리는 놈, 온갖 것들 위에 서 있고, 앉아 있고, 씹고, 똥을 싸는 놈 등, 염소는 좋아하는 모든 일을 마음껏 하고 있었다. 버터컵 염소 보호소는 염소를 위한 지상 낙원이거나 최소한 호화 스파 리조트 같은 곳이었다. 만일 여러분이 버터컵의 염소라면 따뜻하고 안락한 당신만의 외양간에서 눈을 뜨자마자(여러분 모두에게는 혼자 또는 가까운 한두 친구와 함께 쓸 수 있는 외양간이 주어진다) 각자의 개별 취향과 요건에 맞춰 특별하게 준비된 아침 식사를 제공받게 된다. 아침 식사를 먹고 난 뒤 하루는 온전히 여러분만의 것이다. 여러분은 직원들의 관심을 즐기며 마당을 마음껏 거닐거나(털 손질, 발톱 관리, 돈으로 살 수 있는 최상의 의료 서비스) 여러분의 삶의 질을 높이기 위해 마련된 다양한 구조물에서 게으름을 부리면 된다. 좀 더 활동적이고 경쟁심이 있는 편이라면 가장 높은 곳으로 기어올라가서 마운드 위의 왕(또는 여왕)이 되어보는 것은 어떤가? 또한 신선한 녹색 풀밭에 항상 방랑

밥과의 한담과 버터컵의 염소들.

이만하면 행복한 염소?

객들이 있음은 물론이요, 그곳에는 버터컵이라는 이름의 유래인 꽃들(노란 컵 모양의 꽃이 피는 미나리아재비—옮긴이)이 곳곳에 수를 놓고 있다. 내가 염소가 되면 죽기 전에 버터컵에 가고 싶다.

나는 버터컵의 창립자인 밥을 만났다("두 마리로 시작했는데 이젠 이백오십 마리가 됐죠"). 그는 내게 염소 이야기를 배부르게 늘어놓았고 전체 관리자인 가워와 동물들을 돌보는 몇몇 자원봉사자들을 소개시켜주었다. 좋은 곳 같았다. 그리고 나중에(우리가 자원봉사자 커플의 다소 기이한 행각을 목격하고 난 뒤) 가워가 털어놓았듯 "그곳은 인간을 위한 보호소이기도 하다".

맥엘리곳 박사와의 만남은 퀸메리대학교에 있는 그의 연구실

염소 전문가인 앨런 맥엘리곳 박사.

뒤편에서 이루어졌다. 벽에는 바로 맥엘리곳 박사의 실험동물이 표지에 실린 명망 높은《영국왕립학회보*Proceedings of the Royal Society B*》 가 액자에 걸려 있었다.

"네, 우리가 표지에 실렸죠." 그는 아일랜드 억양으로 가볍게 말했다. 이 사람은 완전무결한 염소 자격증을 갖춘 남자다.

내가 염소의 행동을 알고 싶은 이유는 분명했다. 하지만 맥엘리곳 박사에게는 분명하게 생각되지 않았던 모양이다. 우리는 처음부터 하나씩 짚어나가기 시작했다.

"어째서 염소가 되고 싶은가요?" 그가 물었다.

"음, 주술사를 만나러 갔더니 저한테 염소가 되라고 하더군요."

"아, 그렇군요. 알겠어요." 맥엘리곳 박사가 말했다. 잠시 뜸을 들이고서 그는 다시 물었다. "어째서 주술사를 만나러 갔어요?"

"음, 코끼리가 된다는 생각이 좀 내키지 않더라고요."

"그렇군요, 그랬어요." 맥엘리곳 박사가 말했다. 이쯤에서 그가 책상에 퍼질러 앉은 내가 아니라 벽에 걸린 시계를 체념한 듯 슬쩍 쳐다보았던가?

"이런 질문 해도 되는지 모르겠는데, 어째서 코끼리가 되고 싶었던 거죠?"

"아, 네……그게, 제가 인간으로서 이 세상의 무게에 짓눌린 느낌이 들었어요. 그래서 생각했죠. 잠시 동물이 되면 더 낫지 않을까? 그러면 걱정할 필요가 없을 테니까요. 그러니까 제 말은 걱정은 인간이 하는 거잖아요."

"아아아, 그렇죠."

"그래서 제가 궁금한 건요, 염소도 걱정을 하나요?"

"네."

젠장.

감사하게도 맥엘리곳 박사는 이 문제에 대해 해줄 말이 더 있었다. "사실 나라면 그걸 걱정이라고 하지 않을 거예요. 염소들은 불안해하죠. 어쩌면 스트레스를 받는다고 하는 게 나을지도 모르고요. 버터컵에서 염소들을 데리고 실험을 했었거든요. 감정에 대해서 알아보려고요. 염소한테 심장 모니터기를 설치하고 발성, 꼬리 상태, 귀 상태 등을 기록하는 장치를 해놨어요. 그러고 난 뒤에 염소들을 '부정적인 상태'로 만들었죠."

이 말 뒤에 맥엘리곳 박사는 대단히 조심스럽게 그들은 "항상 윤리적으로 연구"하며 "염소들은 절대 어떤 위험에도 처하지 않는데, 그런 것은 비윤리적이기 때문"이라고 거듭 강조했다. 만일 그들이 동물을 스트레스 상황에 둘 경우, 그게 무슨 일이든 간에 "5분 이하로" 한다는 식이었다. 그의 장담은 내게 정반대의 영향을 미쳤다. 나는 일종의 '시계태엽 오렌지형 실험'(인간의 자유의지를 과학의 힘으로 통제한 상황을 말함—옮긴이)을 위해 내 발로 실험대 위에 놓이는 신세였으니 말이다.

맥엘리곳 박사는 이야기를 이어갔다. "우리가 하는 실험은 '식품 좌절' 실험이라고 해요. 기본적으로 옆 우리의 염소가 볼 수 있게 해놓고 한쪽 우리의 염소한테만 먹이를 주는 거죠. 그러면 음식을 얻지 못한 염소는 부정적인 상태가 되는 거예요. 하지만 그렇게 극심한 스트레스는 아니에요. 그건 윤리적이지 않으니까요."

맥엘리곳 박사와 윤리위원회는 한 마리의 염소가 약간의 질투심을 느끼게 만드는 행위의 윤리성을 검토한 뒤 과학을 위해서라면 이 정도는 비윤리적이지 않다는 결론을 내렸다. 질투심을 느끼는 상태가 5분 이상 지속되지 않는다면 말이다.

"염소가 내는 소리를 들어보면 상당히 단조롭다고 생각할 거예요. 하지만 사실은 염소가 중립적인 상태인지 부정적인 상태인지 아니면 약간 긍정적인 상태인지에 따라 매애 하는 소리에는 미묘한 변화가 있고 귀와 꼬리의 상태도 조금씩 변해요."

그래서……염소가 약간 스트레스를 받기도 하고, 스트레스를 받으면 좀 다른 소리를 낸다는 거지. 맥엘리곳 박사와 그의 동료들에게 은혜를 모르는 인간으로 보이고 싶지는 않지만 내가 알고 싶었던 염소 내면에 대한 심오한 통찰은 이런 것이 아니었다. 하지만 이야기를 계속하면서 나는 맥엘리곳 박사의 배경을 이해하기 시작했다. 동물행동학자인 그는 동물의 내면에 대해서 어느 정도는 확신을 가지고(정량화된 정도의 확신을 가지고) 말하려고 노력했다. 그런데 그건 대단히 어려운 일이다. 인간으로서 모든 장점을 동원하고 심지어는 언어를 사용해도 다른 사람의 마음을 오해하는 경우가 있다는 사실을 생각해보면, 이것이 얼마나 어려운 일인지 충분히 짐작할 수 있다. 동물의 경우에는 무슨 생각을 하는지 물어볼 수 없을 뿐만 아니라, 우리 자신의 경험을 가지고 유추할 수도 없다. 그러면 동물이 된다는 게 어떤 것인지 어떻게 알아낼 수 있을까? 동물행동학자의 어려움이 바로 거기에 있다. 만일 우리가 어떤 동물이 무슨 생각을 하는지 확실하게 말하고 싶다면 먼저 그 동물이 무슨 생각을 하고 있는지를 겉으로 드러내게 만들어야 한다.

비유하자면 우리와는 다른 방식으로 세상을 인식하고 소통하는 이상한 외계종 출신의 과학자가 있다고 상상해보자. 이 과학자는 머리를 때리면 내가 싫어할 거라는 합리적인 가정에서 출발해서 실험 삼아 내 머리를 치고는 내가 내는 소리의 변화와 작아지는 눈, 좁아지는 이마를 주시한 뒤 호모사피엔스사피엔스가 부정적인 상태에 놓였을 때 어떻게 반응하는지에 대한 결론을 내린다("이봐, 자르그, 얘네는 너의 간지럼 기구를 좋아하지 않는 걸로 입증됐어").

나는 맥엘리곳 박사와 함께, 헛간 밖으로 내보내주자 순수한 기쁨에 젖어 귀엽게 온갖 곳을 헤집고 뛰어다니는 아기 염소들을 담은 어느 봄날의 영상을 보면서 "아아아, 이 염소들이 정말 행복한가봐!"라고 말했다. 그러자 맥엘리곳 박사는 더 조심해야 한다고 주의를 주었다. "염소가 행복하다고 말하는 건 인간 중심적인 것일 수 있어요. 그냥 추정이 아니라 확실히 밝히려면 과학적으로 연구할 필요가 있죠. 그래서 저라면 이건 염소가 흥분한 상태일 때는 소리를 정말로 많이 낸다는 증거라고 말할 거예요." 실제로 대화하는 내내 맥엘리곳 박사는 어떤 식으로든 염소를 의인화하는 표현을 쓰지 않았다.

맥엘리곳 박사와 아네테가 동물의 내면에 접근하는 방식은 완전히 상극이었다. 아네테는 동물에게 인간의 모든 특성을 부여하는 데서 출발하는 반면, 맥엘리곳 박사는 동물에게는 인간과 비슷한 속성이 전혀 없다는 가정에서 연구한다. 하지만 나는 이들의 근원적인 목표가 오늘날의 인간과 비인간 동물 간의 관계를 재평가한다는 관점에서 서로 그다지 동떨어지지 않았다는 생각이 들었다. 왜냐하면 맥엘리곳 박사의 많은 연구가 가축으로 사육되는 비인간 동물 수십억 마리의 복지 향상과 관련되어 있기 때문이다.

그는 학대가 자행되던 곳에서 보호소로 오게 된 염소들이 '부정적인 인지적 편향'을 보이는지 알아보기 위해 버터컵에서 했던 실험에 대해 이야기해주었다. 다시 말해서 컵에 물을 반만 따라놓았을 때 반이 차 있다고 보지 않고 반이 비었다고 볼까? 예전에 맛있는 염소 고기가 되리라는 기대에서 훈련을 받았던 때와 유사한 좁은 통로 같은 모호한 자극이 주어졌을 때, 염소들은 통로를 걸어 나와 고개를 내밀까(반이 찬 컵) 그렇게 하지 않을까(반이 빈 컵)? 염소들은 통로를 걸어 나오든지 그렇게 하지 않든지 함으로써 집게가 달린 기록지를 들고 서서 자신들을 바라보는 동물행동학자들에게 기분을 드러냈다.

버터컵은 이름뿐만 아니라 성격 역시 보호소였다. 그곳의 많은 염소들이 다소 무시무시하게 불행한 환경에서 구출되었다. 우리가 보호소에 도착했을 때 밥은 우리에게 몇 가지 실제 공포담을 들려주었다. 럭키라는 이름의 염소는 연못에서 발견되었다. 럭키는 목이 길게 찢어지고 꼬리는 잘린 채 버려져 익사하기 직전이었다. 놀랍게도 럭키는 목숨을 건졌고 버터컵으로 옮겨졌다. 그래서 이름이 럭키였다. 어떤 염소는 처음에 데려왔을 때는 털이 검은 줄 알았는데 알고 보니 디젤유를 뒤집어쓴 것이라는 게 밝혀지기도 했다. 그래서 이름이 디젤이 되었다. 버터컵에는 염소를 학대하는 인간들의 이야기가 넘쳐난다〔커리라는 염소와 보빈(실이나 전선을 감는 통—옮긴이)이라는 이름의 염소도 있다〕. 맥엘리곳 박사의 연구 결과에 따르면 학대 가정에서 구출된 염소들은 버터컵에서 최소 2년간 잘 돌보면, 학대 경험이 없는 염소들과 비교했을 때 부정적인 인지적 편향을 더 많이 드러내지는 않았다. 그리고 학대 가정에서 구출된 암컷 염소들은 학대 경험이 없는 다른 암컷 염소와 비교했을 때 오히려 약간 더 긍정적이었다. 이는 학대에서 벗어난 뒤 장기적으로 낙천성을 획득하게 된 것으로 볼 수 있다.

맥엘리곳 박사의 모호한 통로 실험과 유사한 실험을 인간에게 시행했을 때 부정적인 인지적 편향을 보이는 사람들이 있다. 이 결과는 이들이 '처진 기분'과 (지속될 경우) 임상 우울증(이는 설문지에 대한 답을 가지고 측정한다) 때문에 받고 있는 고통과 강력한 상관관계가 있다.* 만일 염소가 부정적인 인지적 편향을 밝으

로 드러낼 경우, 우리는 이 염소들의 내면이 처져 있거나 심지어
는 우울한 상태라고 추론해도 될까? 인간의 동일한 행동을 슬픔의
지표로 받아들이면서 염소의 감정을 부정한다면 이는 상당히 무
례해 보일지 모르겠다.

　인지적 편향 실험은 동물들이 자신의 감정을 말하지 못하는
문제를 해결하고자 할 때 일반적으로 사용하는 방법이다(염소에
게 "지난달에 당신은 사회적 상황을 얼마나 자주 회피했습니까?"
라는 문항들을 담아 설문 조사를 할 수는 없는 노릇이니 말이다).
양과 개, 쥐, 찌르레기, 그리고 작은 병아리들을 대상으로 실험이
진행되었다. 이 동물들을 다양한 형태의 (윤리적인 고려가 되었다
고 확신하는) 스트레스 상황에 처하게 하자 모두 부정적인 인지
적 편향을 보였고, 그래서 우리는 이들에게도 내면의 감정적 상태
가 있다고 추정할 수 있다. 인간만이 아니라 다른 동물들도 부정적
인 인지적 편향을 보이고, 따라서 슬픔을 느낄 수 있다. 염소나 개,
쥐에 대해서 말할 때는 크게 놀랍지 않지만, 벌은 어떤가? 벌도 침
울해지거나 최소한 부정적인 감정을 가질 수 있을까? 벌 역시 인

• '부정적인' 인지적 편향의 반대는 '덜 긍정적인' 인지적 편향이라고 볼 수 있다. 실험에
따르면 약간의 우울증이 있는 사람이 삶의 변화에 대해 더 현실적인 태도를 취하기 때문이
다. 가령 이런 사람은 복권을 사는 게 가치 있다고 생각하지 않을 가능성이 더 크고, 셋 중 하
나가 암에 걸린다고 하면 그 하나가 자신일지 모른다고 생각할 가능성이 높다.

지적 편향을 보인다. 나는 벌의 편향에 대한 연구를 수행한 뉴캐슬대학교의 제럴딘 라이트Geraldine Wright 박사에게 이 문제에 대해서 어떻게 생각하는지 물었다. 그녀는 "인지적 편향 실험을 근거로 염소를 비롯한 다른 동물들에게 감정을 부여하면서 벌만 빼놓는 것은 논리적으로 일관성이 없다"고 대답했다. 따라서 어쩌면 저 바깥에서 어떤 벌들은 슬프게 붕붕대고 있는지 모른다. 아니면 동물들이 부정적인 인지적 편향을 드러내는 모든 행동이 실은 "나 슬퍼요"라고 말하는 것과 별 관계가 없거나.

동물의 경우 가장 기본적인 감정들조차 과학적으로 규명하기가 어렵다는 사실은 동물들의 마음에서 어떤 일이 벌어지고 있는지에 대해 확실하게 말하기가 얼마나 어려운지를 보여준다. 맥엘리곳 박사 같은 동물행동학자들이 동물의 내면에 대해 말할 때 대단히 조심스러워하는 것은 바로 이런 이유 때문이다.

맥엘리곳 박사는 '걱정하는 염소'라는 주제로 다시 돌아왔다.

"좋아요, 그러면 염소는 걱정은 안 해도 분명히 신경 쓸 문제들은 있는데, 그건 염소가 어떻게 진화해왔는지와 관계되어 있어요. 야생에서 염소 같은 동물은 육식 동물의 먹잇감이죠. 먹이를 먹어야 하고 물을 마시러 샘에도 가야 하지만, 이런 필요와, 필요를 충족시키려는 시도 안에 내재한 위험 사이에서 균형을 맞춰야 해요. 그래서 먹이를 먹는 동시에, 항상 신경을 곤두세우고 포식자를 경계하는 거죠."

그렇다면 야생 염소로서 내가 신경 쓸 문제는 어떻게 먹이를 먹으면서 동시에 다른 동물의 먹이가 되지 않는가가 될 것이다. 나는 육식 동물의 먹잇감이 된 적이 한 번도 없다. 난데없이 다른 동물에게 붙들려서 산 채로 먹힐지 모르는 위험 때문에 꾸준히 신경을 곤두세우며 산다는 건 스트레스가 많을 것 같지만, 이런, 나는 젠트리피케이션(낙후된 구도심 지역이 활성화되어 중산층 이상의 사람들이 유입됨으로써 원래의 거주자들이 다른 지역으로 내몰리는 현상—옮긴이)이 진행된 런던의 뱅크사이드에 살고 있지 않은가. 거기서는 모퉁이를 돌다가 버스나 백만장자 사업가가 모는 스포츠카에 치일 수도 있다. 모든 동물이 갑작스럽게 죽을지도 모르는 위험을 달고 살아야 하지만, 특히 의식적으로 사랑하는 사람들과 친구, 가족들의 갑작스런 죽음을 걱정할 수 있는 능력 때문에 고통스러워하는 것은 인간뿐이다. 하지만 염소는 무리 동물이기 때문에 사회적인 염려도 한다.

맥엘리곳 박사는 염소의 사회생활에 대해 묘사했다. 야생에서 염소들은 일반적으로 성별로 분리된 집단 안에서 시간을 보내는데, 각 집단에는 정연한 선형적인 위계가 있다. 지배적인 수컷이나 암컷 염소는 가장 좋은 장소에서 잠을 자고, 마음대로 먹을 수 있으며, 무리가 이동할 때 안내자 역할을 한다. 우열 순서pecking

order(닭 무리 안에서 엄격한 위계에 따라 자기보다 힘이 약한 상
대를 괴롭히는 현상에서 가져온 용어)는 무리 전체의 꼭대기에서
맨 아래까지 이어진다. 만약에 내가 서열이 낮은 염소이고, 신선한
녹색 풀이 특별히 잘 자란 좋은 곳이나 건조하고 따뜻해서 잠자기
좋은 곳을 찾아냈는데, 사회적 위계가 더 높은 염소가 다가오면 빨
리 자리를 뜨는 게 상책이다. 그렇지 않을 경우 화를 자초할 테니.

    강력한 위계는 항상 모든 것을 두고 싸움을 벌이는 상황을 피
할 수 있는 방법이기도 하다. 누가 보스고 내 자리가 어디인지 모
두 알고 있으니 말이다. 물론 때로 내 자리를 시험해보고 싶거
나, 막 무리에 들어와서 내 자리가 어딘지를 찾아야 할 경우 머리
를 몇 번 부딪치고 어떻게든 꾀를 내어 높은 자리를 잡고 지배권
을 유지해야 한다. 하지만 허구한 날 박치기만 하는 건 아니다. 염
소에게도 친구가 있다. 염소는 일부 개체들과는 동맹을 형성하고
(다른 개체들에 비해) 훨씬 더 많이 어울려 지낸다.

    그래서 나는 염소로서 지배가 중요한 역할을 하는 이런 사회
적 환경에서 살아남아야 한다. 싸움을 일으키고 싶지 않다면 대오
에서 이탈하지 말고 친구를 만들어야 하는 것이다.

    무리에서 한 개체의 지위를 추적하는 일은 인지적으로 아주
어렵다. 특히나 야생에서 염소들은 동물행동학자들이 말하는 '분
열-융합'을 하기 때문에 더욱 그러하다. '분열-융합'이란 작은 분

파 집단들이 주요 무리에서 떨어져나가 어슬렁대며 자기들끼리 시간을 보내다가 다시 전체 집단과 합류하는 것을 말한다. 이는 한 마리의 염소가 어울리는 무리가 항상 바뀌기 때문에 염소는 어느 염소가 자기를 좋아하는지, 어느 염소를 피해야 하는지, 자신이 어느 염소를 지배할 수 있는지, 그리고 어느 염소에게 복종해야 하는지를 기억하고 있어야 할 뿐만 아니라, 어떤 특정 시기에 누구와 어울리고 있는지에 따라서 스스로 행동을 조정해야 한다는 뜻이기도 하다. 가령 내가 같이 있는 염소 중에서 가장 서열이 높다는 사실을 알게 되면 여기서는 내가 보스임을 여실히 보여주기 위해 미묘한 변화를 줄 필요가 있다. 그리고 만일 내가 지금 어울리고 있는 무리 중에서 우위에 있지 못하다면, 나보다 서열이 높은 염소의 관심이 다른 곳에 있을 때를 포착하는 등, 먹을 것과 숙녀들을 성공적으로 확보할 전략을 수립해야 할 것이다.

이런 복잡한 사회적 환경에서 살다보니 염소와 인간, 개를 비롯한 많은 사회적 피조물들이 정교한 인지적 기술을 진화시켰다고 보기도 한다. 그렇다면 염소는 얼마나 똑똑할까?

버터컵의 밥은 염소의 똑똑함에 대한 몇 가지 기막힌 이야기들을 알고 있었다. 그에게 있는 염소 중 서른두 마리는 인간이 다양한 깊이의 잠수함에서 빠져나올 때 어떻게 대처해야 할지를 알아내기 위해 해군이 수행한 일련의 실험에서 살아남은 염소들이다. 이 실험 중에는 염소를 고압실에 데려가서 압력을 달리하며 잠수병을 일으키는지 확인하는 절차가 있었다(이들이 염소를 이용했던 건 염소 호흡기의 생리가 인간과 대단히 유사하기 때문이다). 밥이 해군의 염소 조련사들에게 들은 바에 따르면, 어느 정도 시간이 흐르자 염소 몇 마리가 압력실로 들어갈 때는 절뚝거리더니(실험을 시작할 때 염소가 건강하지 않으면 실험을 진행하지 않았다) 우리로 돌아오자마자 마치 기적적으로 낫기라도 한 듯 절뚝이지 않았다는 것이었다.

이 이야기를 들었을 때 나는 선뜻 믿음이 가지 않았다. "정말? 염소가 실험에서 빠져나오려고 다리를 저는 척한다는 말이에요?" "물론이죠"라고 밥이 말했다. 염소는 실험 방법을 이해했고, 다리를 저는 척할 수도 있다. 그렇군요. 당신은 정말로 이 염소들을 사랑하는군요, 밥…….

내가 밥을 너무 편견 어린 시선으로 대하는 게 아닌가 싶어 구글에서 검색을 해봤다. 구글을 통해 이 세상은 야생 동물이든 길들여진 동물이든 절뚝이는 척할 줄 아는 동물들로 가득하다는 사실을 확인하고 나니 갑자기 밥의 이야기가 신빙성 있게 느껴졌다. 심지어 스너글 씨라고 하는 고양이가 집 안에 들어가려고 절뚝이는 척하는 웃긴 동영상도 있었다. 또한 밥은 모든 우리에 별도의 자물쇠를 채워야 했다는 이야기도 해줬다. 염소 몇 마리가 빗장을 푸는

법을 알아내서 밖으로 나가버렸기 때문이다. 어느 날 밤, 잘 시간
이 되어 밥이 염소를 우리로 데려가는 중에 몇 마리를 우리로 두
번씩이나 데리고 들어갔다는 사실을 알게 되었다. 알고 보니 녀석
들은 자신이 있던 우리에서 나와서 뛰어오는 것도 모자라 친구들
의 우리로 가서 열어주기까지 했던 것이었다.

　나는 맥엘리곳 박사에게 염소의 똑똑함에 대해 물었지만, 내
표현 방식이 그를 화나게 한 모양이었다.*

　"염소가, 그러니까 예를 들어 세 살짜리 아이만큼 똑똑한가
요?"

　"아아아아!" 맥엘리곳 박사는 내 질문에 짜증이 나서 몸을 부
들부들 떨었다.

　"나는 그런 식으로 비교하는 걸 정말 싫어해요. 이런 머리기사
를 본 적 있어요. '뉴칼레도니안 까마귀는 일곱 살짜리만큼 똑똑하
다.' 흠, 네……까마귀한테 인지 테스트를 했고 똑같은 걸 아이들
한테도 적용한 거죠. 아이들이 테스트를 제대로 하려면 못해도 일
곱 살은 되어야 하거든요. 그렇지만 뭐가 어떻게 돌아가는지 누가

---

* 원어 "get his goat" 이 표현은 경마에서 유래한 것이다(이런 표현을 사용했다고 사과할
생각은 없다). 불안해하는 경주마가 있으면 같이 있으면서 진정시켜주라고 염소 한 마리를
넣는다고 한다. 그래서 기수들은 다음 날 경쟁자의 말이 일등을 하지 못하도록 시합 전날 경
쟁자의 염소를 훔치려 하곤 했다.

알겠어요. 겉으로 보이는 행동은 아주 유사해 보여도 뇌에서 무슨 일이 벌어지는지는 몰라요. 그렇지만 내가 정말로 짜증나는 이유는 동물은 그 자체로 흥미로운 것이지 일곱 살짜리 아이보다 나을 수 있기 때문에 관심을 받아야 하는 것은 아니라고 생각하기 때문이에요. 동물이 일곱 살짜리만큼 똑똑하지 못하면 그 동물은 가치가 없는 건가요? 그럼 동물을 함부로 다뤄도 된다는 건가요? 아니면 최소한 우리가 할 수 있는 만큼 잘해줄 필요가 없다는 건가요? 그 동물의 가치가 적다는 뜻인가요? 난 아니라고 생각해요!"*

내가 맥엘리곳 박사를 더 이상 방해하지 않기 위해 일어나려 하자 그는 내가 불미스러운 암시 때문에 겁이 나서 의도적으로 무시하던 질문을 던졌다. "잠깐만요. 물어보진 못했지만 난 당신이 수컷 염소가 되려고 할 것 같은데? 성차는 아주 중요하거든요……."

염소로서의 내 성별과 섹슈얼리티는 생각하기 싫어서 미뤄두었던 문제다. 나는 내 지원금 신청서에는 코끼리가 되었을 때 내가 수컷일 거라는 암시가 은연중에 있었다고 생각한다. 어디에도 "나

---

* 이와 연장선상에서 일곱 살짜리 아이만큼 똑똑한지 여부에 따라 동물에 대한 처우가 달라진다면, 정신 연령이 일곱 살 미만인 사람은 공장형 사육장 같은 곳에서 지내도 된다는 주장 또한 성립된다. 하지만 철학자 피터 싱어에 따르면 우리는 다른 동물들을 차별하는 종 차별주의자다.

는 트랜스젠더 코끼리가 되고 싶다"고 적지 않았기 때문이다. 트랜스젠더이자 트랜스종인가? 뭐 아무래도 한 번에 너무 많은 문제를 탐구하는 것은 버거울지 모른다는 생각이다.

하지만 성은 동물의 삶에서 분명 큰 비중을 차지한다. 다윈의 관점에서 보면 성은 동물의 삶에서 전부라 해도 과언이 아니다(개별 동물의 입장에서 보면 별 상관없는 문제이긴 하지만 말이다. 그어떤 동물도 자신의 DNA에 대한 의무 때문에 성관계를 갖지는 않는다. 그렇지 않은가?).

하지만 나는 내가 이 프로젝트를 위해서 "갈 데까지 갈" 준비가 되어 있는지 자신이 없다. 여자 친구는 내가 염소와 바람을 피운다면 극도로 불쾌해할 것이다. 염소와 관계를 갖는다는 생각은 벌레가 가득 든 캔을 따는 것과 같은데, 내 생각에는 어쩔 수 없이 선택을 해야 한다면 염소와 관계를 갖기보다는 차라리 벌레를 먹는 편이 훨씬 나을 것 같다. 진실되게 말하건대, 친애하는 독자들이여, 이 프로젝트는 종간의 '부비부비'를 정당화하려는 엄청난 책략 같은 것이 아니다. 물론 예술적인 관점에서 이 정도의 노력을 들이면 많은 것을 얻게 될 것이다. 베를린의 전위적인 갤러리들은 이런 종류의 작품을 보여주는 데 무진장 관심이 많으리라고 확신한다. 그리고 이런 노력은 이 프로젝트가 다양하고 폭넓은 청중들과 만나는 데도 도움이 될 것이다(웰컴 트러스트 정도는 잔챙이

일 뿐이다). 매체들의 무시무시한 열정을 휘저어놓을 것이기 때문
이다. "세계 최대의 생의학연구재단이 디자이너에게 염소와 성관
계를 가지라고 돈을 대다." 일단 이런 제목의 기사를 읽게 될 것이
다. 하지만 기삿거리가 되는 데는 별 흥미가 없다. 성적인 문란함,
수간, 재단 기금의 남용 등을 이유로 재판정에 서게 된다면 상당
히 인상적일 수도 있다. 사실 이런 법적인 문제와 이에 대한 변호
는 이 프로젝트의 핵심과 맞닿아 있다. 내가 염소와, 음, '성적인 관
계'를 가진 것을 변호하기 위해 법정에 서야 한다면, 그건 (어떤 면
에서) 그저 야무진 꿈이기만 했던 내 프로젝트가 성공했다는 뜻일
터이기 때문이다. 내가 염소와 관계를 가졌다면 내가 원했기 때문
일 거고, 내가 원했다면 그것은 내가 다른 염소들을 찾아내서 짝짓
기를 하려는 염소의 깊은 본능을 발달시키는 정도까지 염소의 마
음가짐을 갖게 되길 간절히 염원했기 때문일 거다.

　　나는 분명 이 프로젝트를 최대한 성공시키고 싶다, 그러니
까……오, 이런. 내가 정말 어디로 가려는 거지? 인간으로서의 나
는 염소와 '관계'를 갖고 싶지 않다. 하지만 내가 염소 되기에 너무
몰입해서 그걸 해버리면 어떡하지? 이건 너무 어려운 문제다. 염
소가 되고자 한다는 것은 반드시 다른 염소와 관계를 갖고자 한다
는 뜻이고, 따라서 그런 행동이 일어나야만 내 프로젝트의 성공을
만천하에 알릴 수 있을 것이기 때문이다. 내가 어쩌다가 이런 철학

염소와 못된 짓을 하고 있는 판.
이 조각상은 로마 시대의 도시 헤르쿨라네움의 잔해 속에서 발견되었다.
이 도시는 폼페이처럼 기원후 79년 베수비오 화산이 폭발한 뒤
몇 미터나 되는 잿더미에 묻혀 있었다. 이는 인간이 아주 오래전부터
이런 짓을 생각해왔다는 증거다.

적인 종간 사랑의 굴레를 쓰게 된 것일까?

　하지만 다행히도 자연과 맥엘리곳 박사가 출구를 알려주었다. 염소는 성별로 엄격하게 분리된 채 무리 지어 생활하다가, 암컷들이 발정할 때만 수컷들도 같이 발정한다. 사실 암컷을 발정 나게 하는 것은 수컷의 냄새라고 하는데, 수컷들은 암컷들에게 더 많은 매력을 발산하기 위하여 염소 특유의 턱수염에 오줌을 묻혀서 냄새의 힘을 한껏 끌어올리려고 무진 애를 쓴다. 이는 내가 아무리 다른 염소와 관계를 갖고 싶을 정도로 염소가 나인지 내가 염소인지 구분 못하는 지경이 되는 데 성공한다 해도, 일 년 중 일정 기간 동안에만 그렇게 할 수 있으리라는 뜻이다. 우리 기후대에서 발정은 8월쯤에 일어난다. 따라서 내가 8월이 지난 뒤부터 염소의 삶을 시작하면 염소와의 정사에 휘말리지 않아도 된다. 나는 최대한 발정과는 거리를 두고 싶으며, 지원금 요건을 충족시키려면 알프스를 넘어야 한다. 알프스의 날씨는 10월부터 본격적으로 시작되는 겨울 시기에는 절대 호락호락하지 않다. 아무래도 내가 암컷 염소와 부부의 연을 맺을 일체의 가능성을 피하는 동시에 치명적인 날씨 변화 때문에 산꼭대기에서 얼어 죽지 않으려면 선택의 폭이 별로 넓지는 않은 것 같다.

* * *

내 마음을 염소의 마음으로 바꾸는 가장 좋은 방법은 무엇일
까? 음, 분명 우리는 이미 많은 공통점이 있다. 그러니까 지구상의
생명체가 38억 년 전에 시작되었고 염소와 인류의 마지막 공통 조
상이 겨우 500만 년 전에 살았다면, 우리는 진화의 역사 중에서 대
부분을 공유한다고 볼 수 있다. 내가 보기에 이는 우리 모두의 깊
은 내면에 염소 한 마리가 존재한다는 말처럼 들린다. 염소처럼 우
리는 한때 야생 동물이었다. 불과 만 년 전까지만 해도 인간은 약
150명 정도씩 작은 부족으로, 말하자면 무리를 지어 살면서 수렵
채집자로서 드넓은 지역을 떠돌아다녔다. 진화의 관점에서 보았
을 때 우리가 굳이 애쓰지 않아도 일 년 내내 달콤하고 기름진 음
식을 얻을 수 있었으며 의자에 앉은 채 거대한 도시에서 생활하기
시작한 지는 눈 깜박할 새밖에 되지 않는다. 우리가 야생의 수렵
채집자에서 돌아섰을 때 염소는 우리 곁을 지켰다. 지금은 한 종의
염소가 길들여졌고, 흥미롭게도 우리 역시 길들여졌다는 그럴싸
한 주장 역시 가능하다.

　염소 속genus Capra(염소자리를 뜻하는 '카프리콘Capricorn'이 바
로 이 '카프라Capra'에서 온 말이다)에는 9종이 있다. 이 가운데 8
종은 북미와 유럽, 소아시아 등지를 누비며 야생에서 살고 있는데,
유럽의 알프스 산맥 높은 곳을 휘젓고 다니는 위풍당당한 아이벡
스도 여기에 속한다(북미의 로키마운틴 '고트'(흰바위산양—옮긴

이)는 엄밀히 말해서 염소가 아니다). 지금도 터키와 파키스탄 등지의 산에서 발견되는 베조아르 염소는 인간이 조금씩 일반적인 가축으로 전환시킨 뒤 전 세계로 퍼뜨린 종이다.

염소와 인간의 친밀한 관계는 기원전 약 9,000년에 비옥한 초승달 지대라고 불리는 곳에서 시작되었다. 아프리카와 유라시아 대륙이 만나는 자그로스 산맥에 둘러싸인 이 지역은 수렵과 채집을 하던 인간의 조상 부족이 처음으로 방랑을 멈추고 정착하여 씨를 뿌리고 작물을 재배하기 시작했던 곳이다. 즉, 농업 문명의 요람이었던 것이다.

이 최초의 농부들은 항상 신경을 곤두세우고 있는 데다 짜증날 정도로 민첩한 동물에게 살금살금 다가가서 죽이려 하기보다는 몇 마리를 어떻게든 산 채로 보유하면 엄청난 수고를 덜 수 있으리라 생각했음에 틀림없다. 그런 뒤에는 골치 아픈 수컷 중에서 최소한 한 마리만 가까이 데리고 있을 수 있었다면 그저 본성의 흐름에 따라 무리의 수가 저절로 유지되었을 것이다. 베조아르 염소는 이렇게 인간이 가축으로 길들인 최초의 동물이 되었다(수천년 전에는 일부 진취적인 늑대가 인간의 가장 좋은 친구가 되기도 했다). 인간은 염소 고기뿐만 아니라 뜻밖의 소득으로 염소젖을 얻을 수 있었다. 이 염소젖은 바로 아이들에게 먹이거나 치즈로 만들어 성인들도 먹었다. 치즈로 가공하면 염소젖에 들어 있던 젖

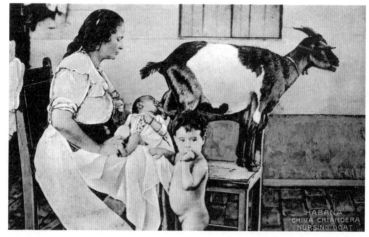

종간 수유.

당의 양이 크게 줄기 때문에 섭취하기 전에 가공하는 것이 필수였다. 동물의 젖에 있는 젖당을 분해하는 소화 효소가 성인기에도 존속되는 유전적 변형이 일어난 것은 그로부터 수천 년이 지난 뒤였기 때문이다. 인간은 이유기가 지난 뒤에도 젖을 계속 마시는 유일한 동물이다. 단지 엄마의 젖에서 다른 종의 젖으로 바뀌기만 했을 뿐. 이 기이한 행위에 탈이 나지 않고 흠뻑 취할 수 있는 인간은 약 35퍼센트 정도뿐인데, 대부분이 북유럽 출신이다.

　오늘날의 농부들이 그러듯, 최초의 농부들은 어린 수컷들 대부분을 도살했다(고고학자들이 수컷 염소 뼈 무더기를 찾아내기도 했다). 데리고 있는 가축의 수를 유지하는 데는 숫염소 한 마리면 충분한 데다 숫염소로는 치즈를 만들 수 없기 때문이다. 아마 가장 말썽을 일으키지 않는 수컷, 그러니까 인간에게 공격성과 두려움을 가장 적게 드러내는 수컷이 선택됐으리라. 그래서 여러 세대가 지난 뒤 인간에게 포획된 야생 베조아르 염소들은 점점 유전적으로 인간을 겁내지 않고 공격성도 줄어들게 되었다. 어떤 종을 길들이게 되면 이런저런 이유들 때문에 일련의 다른 변화도 따라오게 된다. 모든 종에 적용되지는 않지만, 일반적으로 뿔과 치아가 작아지고 체구가 왜소해지며 얼굴이 평평해지고 귀가 축 처지는 경향이 있다. 그리고 다 큰 뒤에도 아이 같은 행동을 하게 되는데, 그러니까 더 많이 놀고 동성에게 더 친밀함을 보이며 다른 개체에게 더 관대함을 보인다. 또한 모든 종은 길들여지면서 뇌가 줄어들었다. 개는 늑대보다, 보통 염소는 베조아르 염소보다, 돼지는 멧돼지보다 뇌가 더 작다. 그리고 흥미롭게도 인간의 뇌 역시 지난 3,000년 동안 줄어들었다. 실제로 홀렌슈타인 슈타델 동굴의 사자 인간 조각을 만든 사람들은 우리와 비교했을 때 뇌가 테니스공 한 개 정도는 더 컸고 골격도 더 다부졌으며 치아도 더 크고 턱은 앞으로 더 튀어나와 있었다.

  이 같은 패턴은 인간 역시 일종의 교화 과정을 거치고 있다는 재미난 생각으로 연결된다. 공격성을 줄여가는 선택을 한 것이다. 그런데 인간을 길들일 수 있는 것은 인간뿐이다. 이런 자기 교화는 어떻게 일어나게 된 것일까? 하버드대학교의 생물인류학 교수 리처드 랭엄Richard Wrangham의 말처럼 이런 식이었을지 모른다. 만일 누군가(어떤 분노에 찬 젊은 남자였을 가능성이 높다)가 폭력적인 기질 때문에 계속해서 무리에서 분란을 일으킨다면 나머지 사람들이 모여서 이제 참을 만큼 참았으니 이 젊은 남자에 대한 조치를 취하기로 결정할 것이다. 그리고 마침내 조치가 취해진다. 무리의 나머지 사람들이 공모해 이 사람의 머리를 돌로 내리치거나 근처의 낭떠러지로 밀치거나 창으로 찔러버리는 것이다. 가혹한 처벌이지만 어쨌든 문제는 해결된다.

우리 조상이 가장 공격적이고 까다로운 베조아르 염소를 골라 도살했듯, 이와 유사한 선택 과정이 지난 3만 년 동안 인간 사회에서도 일어났으리라. 분명 사형은 인간 사회가 존재한 기간만큼 오랫동안 인간 사회에서 큰 비중을 차지했을 것이다. 약 4,000년 전에 만들어진 가장 오래된 사법 제도 중 하나이며 말 그대로 돌판에 적혀 있는 함무라비 법전은 모든 종류의 범죄에 사형을 선고한다. 그리고 오늘날 뉴기니의 수렵 채집 부족민들에 대한 연구에 따르면 이 집단 내 남성 사망의 원인 중 15퍼센트 이상이 사형인 것으로 나타났다. 따라서 이론에 따르면 말썽꾼들이 아이를 많이 만들기 전에 일찌감치 제거될 경우, 사람이 공격성을 띠고 쉽게 화내게 만드는 유전자는 전만큼 많이 재생산되지 못하고 점점 줄어든다.

따라서 힘을 모아 말썽꾼을 제거하기로 결정하는 것과 같은 냉혹하고 치밀하게 계획된 공격성은 다혈질에 화를 잘 내고 반항적인 성향의 공격성을 우리 종 내에서 점점 감소시키고, 자기 교화로까지 이어지게 된다. 그리고 다른 종과 마찬가지로 이는 우리의 체구를 왜소하게 만들고 얼굴을 평평하게 만들며, 뇌를 축소시키고 행동을 아이처럼 유지시켜서, 우리가 성인이 되어서도 호기심에 가득 차서 새로운 것을 배울 수도 있고, 붐비는 지하철 객차 같은 곳에서도 다른 사람의 행동에 더 관대할 수 있는 것이다.

오늘날의 작아진 뇌는 우리의 자기 교화 때문일 수도 있고, 우리가 전보다 종으로서 그냥 더 멍청해졌다는 증거일 수도 있다. 만일 후자처럼, 우리 뇌가 작아지고 있고 우리가 날로 바보가 되어가고 있다면 그건 그저 우리 삶이 똑똑함에 덜 의지하게 되었기 때문이라고 볼 수도 있다. 즉 지능을 선택해야 할 환경적인 압력이 줄어들었다는 이야기다. 그렇다면 우리 사회가 성장하면서 과거에는 목숨을 부지해서 자식들을 거느릴 만한 뇌를 갖추지 못했던 사람들까지도 무리의 끄트머리에서 간신히 살아가고 있다는 추론이 가능해진다. 지금 일종의 선사 시대 국민건강보험 얘기를 하자는 게 아니다. 시간이 지나면서 사람들의 생존은 점점 각자의 기지와는 무관해졌다는 소리다.

하지만 이 이론이 정말 맞을까? 음, 관련된 시간 규모를 감안하면 우리가 더 멍청해지고 있는지 아니면 교화되고 있는지를 직접적으로 알아낼 길은 없다(어떤 진취적인/미친 과학자/악령이 오래된 DNA를 가지고 선사 시대의 인간을 창조해내겠다고 덤벼들지 않는 이상 말이다). 하지만 우리가 점점 아둔해지고 있다는 증거는 좀 더 있다. 일반적으로 반응 시간은 지능과 어느 정도 상관관계가 있다. 런던대학교에서 근무했던 초기 우생학 지지자인 프랜시스 골턴Francis Galton은 1880년대에 당대에 살던 3,000여 명의 반응 시간을 측정했다. 이 측정 결과를 오늘날의 결과와 비교해보니 남자의 경우는 약 250밀리 초, 여자의 경우는 277밀리 초만큼 평균 반응 시간이 더 느린 것으로 나타났다. 이 비교 연구를 했던 과학자의 계산에 따르면 이 차이는 빅토리아 시대 이후로 아이큐가 13.35만큼 떨어진 것에 해당한다.

하지만 우리가 더 똑똑해지고 있음을 시사하는 아이큐 테스트 증거도 있다. 어떤 아이큐 테스트든지 간에 사용하기 전에는 표준화 과정을 거치게 되어 있다. 일반적으로 아이큐 테스트를 앞두고 이 테스트를 시행할 목표 집단의 대표 표본이 먼저 시험을 치르게 한 뒤 이 집단이 얻게 될 평균 점수가 100이 되도록 조정한다. 한데 오늘날 '평균적인 사람'이 가령 1996년의 시험을 치른다면 우옛 시험의 평균 점수보다 조금 더 높은 점수가 나오게 될 것이다. 이러한 결과는 여러 인구 집단에서 일관되게 나타나며 아이큐 점

수가 10년에 평균 약 3점씩 향상된다는 결론으로 이어진다.

　이 같은 아이큐의 전반적인 상승을 설명하기 위해 아동 영양 개선 등 숱한 설명이 제시되었지만, 사람들이 시험이 측정하는 종류의 사고방식에 전보다 더 익숙해졌기 때문에 이른바 '플린 효과'가 나타났다고 주장하는 사람이 있다. 바로 플린이다. 그는 자신의 책《플린 이펙트What Is Intelligence》에서 구소련의 심리학자 알렉산드르 루리아Aleksandr Luria가 일찍이 20세기에 시베리아 오지를 돌아다니며 그곳 사람들을 대상으로 했던 인터뷰를 거론한다. 그는 아이큐 테스트와 관련된 질문들을 던졌다. 가령 "항상 눈이 있는 곳에서는 모든 곰이 하얗다. 노바야제믈랴에는 항상 눈이 있다. 그러면 그곳의 곰들은 무슨 색일까?" 음, 당연히 흰색이겠지. 하지만 이 정답이 루리아가 인터뷰했던, 문자를 배워본 적이 없는 수렵민들에게는 당연하지 않았다. 가령 "난 검은 곰밖에 본 적이 없어요. 난 내가 못 본 것에 대해선 이야기하지 않습니다." 심지어 정답을 표 나게 말해줘도 (부족의 족장들이었던, 따라서 분명 지진아는 아니었던) 인터뷰 대상자들은 "그런 건 말로만 하는 게 아니라 증거가 있어야 하는 법이요. 어떤 현명한 사람이 노바야제믈랴에 갔다 와서 곰이 흰색이라고 증언한다면 그 사람 말을 믿을 수도 있겠지"라는 식의 대답만 줄기차게 내놓았다.

　루리아가 시베리아 여행길에 유카기르족을 인터뷰했는지는

모르겠지만, 그가 얻은 반응들은 무엇이 중요한지, 그리고 이 세상
은 어떻게 작동하는지에 대해 아이큐 테스트에 내포된 관점과는
다른 관점을 보여준다. 읽는 법을 배우면(그리고 교육을 받으면)
우리가 사고하는 대상의 범위가 넓어지기만 하는 것은 아니다. 이
와 함께 반드시 두드러지게 표나지는 않지만 우리의 사고방식이
근본적으로 변하게 된다.

그러면 더 아둔해진 걸까, 아니면 더 유순해진 걸까? 아니면
더 아둔해진 동시에 더 유순해진 걸까? 인간의 지능과 관련된 모
든 것들이 그렇듯 특히 지능이 올라가고 있는지 아니면 떨어지고
있는지는 아직 논쟁의 대상이다. 하지만 길들여진 동물과 그에 해
당하는 야생 동물의 지능은, 뇌가 큰 야생 늑대가 뇌가 작고 길들
여진 사촌 관계의 개보다 몇 가지 유형의 퍼즐을 푸는 데 있어서
만 더 낫다는 사실이 입증되었다. 늑대는 미로에서 나가는 길을 찾
고 상자에서 음식을 꺼내는 등의 일에서는 탁월하지만, 개는 사회
적인 단서를 이해해야 하는 퍼즐에서는 늑대를 능가한다. 어쩌면
우리와 염소에게도 비슷한 일이 일어났는지 모른다. 그러니까 우
리의 뇌는 줄어들었지만 지능이 줄어들었다기보다는 지능의 초점
이 이동했다고 보는 것이 맞을 것이다.

* * *

염소와 인간 모두 길들여졌든 그렇지 않든 간에 염소의 행동
과 인간의 행동은 비슷한 뿌리를 공유하고 있음에 틀림없다. 이를
동물 일반으로 확장시키면 우리가 동물과 어떤 점에서 차이가 있
는지 콕 집어서 밝히기 상당히 어려워진다. 오랜 역사 동안 사람들
은 미지의 무언가가 인간과 동물을 갈라놓는다고 그다지 존중할
만하지 못한 주장을 해왔다. 누군가는 그것이 도구 사용이라고 했
고, 농업이라고도 했으며, 대규모 협력이나 웃음, 슬픔을 말한 사
람도 있었다. 하지만 이를 할 수 있는 비인간 생명체들이 속속 나
타났다. 개미는 진딧물을 기르고, 벌은 협력을 하며, 쥐는 간지럼
을 태우면 웃고, 코끼리는 슬퍼한다. 도구 사용의 경우에는 1960
년대 초에 젊은 제인 구달Jane Goodall이 과학자 최초로 야생 침팬지
가 가지에서 나뭇잎을 벗겨낸 뒤 이 가지를 가지고 흰개미 낚시를
하는 모습을 관찰했다. 흥미롭게도 1906년에 발행된 라이베리아
의 5센트짜리 우표에는 나뭇가지를 가지고 흰개미 낚시를 하는 침
팬지 그림이 그려져 있는데, 이는 아직 과학적으로 관찰되지 않았
다고 해서 그곳에 존재하지 않는 것은 아니라는 사실을 상기시켜
준다. 그러니까 우리가 이 세상에 대해서 전부 아는 것은 아니고,
새로운 발견이 이뤄지면 지금 우리가 안다고 생각하는 것들은 바
뀌게 될 것이다. 1960년대 이후로 침팬지들이 야생에서 모든 종류
의 도구를 사용하고 자신들의 지식을 어린 세대에 전수해주며 심

흰개미 낚시를 하기 위해 도구를 사용하는 침팬지. 1906년 라이베리아의 우표.

지어는 문화를 물려준다는 기록도 있었지만, 구달의 관찰이 발표
되기 전까지 인류학자들은 도구 사용을 인류 고유의 특징으로 이
해했다. 구달의 보고서를 읽은 구달의 스승 루이스 리키Louis Leaky
는 이렇게 반응했다고 한다. "이제 우리는 '도구'와 '인간'을 다시
정의하거나 침팬지를 인간으로 받아들여야겠군."

　'비인간 권리 프로젝트Nonhuman Rights Project'가 그토록 애를 썼
는데도 현존하는 종 가운데 우리와 가장 가까운 침팬지가 아직 법

적으로 인간이라 정의되지 않은 것을 보면 아무래도 사람들은 인간을 재정의하기로 한 모양이다. 물론 이건 바뀔 수도 있다. 최근 비인간권리프로젝트의 변호사들은 뉴욕 스토니브루크대학교에 억류된 두 마리의 침팬지, 헤라클레스와 레오 대신 인신 보호법 habeas corpus statute에 따라 소송사유명령서를 인정받았다. '(법정에) 인신이 출두해야 한다'는 뜻의 'habeas corpus'는 누군가를 억류하고 있는 사람에게 그 사람을 법정에 데려와서 이 구금자에게서 자유를 박탈한 합법적인 사유가 있다는 증거를 제시하도록 요구한 800년 된 법적 수단이다. 법원이 소송사유명령서를 발부했다는 것은 대학이 그 침팬지들을 억류할 권한을 입증해야 한다는 뜻이다. 재판은 뉴욕에서 바버라 야페Barbara Jaffe 판사가 맡았고, 제시된 증언은 과학적 근거에 기반했을 뿐만 아니라, 노예 시대의 판례들과 정신질환자들이 의지에 반해 억류되었던 사례에 대한 인용까지 포함되었다.

야페 판사는 판결에서 스토니브루크대학을 대리한 변호사의 여러 주장을 기각했지만, 침팬지는 사회의 의무와 책임을 질 수 없으므로 법적으로 인간일 수 없다는 기존의 결정에서 '아직은' 크게 벗어나지 못했다. 비인간 권리 프로젝트는 판결에 대해 논하면서 "엄청나게 많은 수의 인간들 역시 의무와 책임을 짊어지지 못한다"고 지적했다. 이들은 또한 야페 판사가 "시대는 우리가 어

떤 진실을 보지 못하게 할 수 있지만, 다음 세대는 한때 반드시 필
요하고 적절하게 보였던 법들이 사실은 억압에 봉사했을 뿐임을
알게 될 수 있다"는 글을 남긴 또 다른 판사의 말을 인용했음을 지
적한다. 이 글을 쓰는 시점에서 비인간 권리 프로젝트는 항소를
제기했다.

오늘날 도구를 사용한다고 인정받은 좋은 살아 있는 생명체
중에서 인간과 가장 가까운 유인원만이 아니다. 똑똑한 딩고는 발
판 사다리를 쓸 수 있으며, 심지어 문어는 누구보다 노련한 바다의
재주꾼이다. 문어가 해초로 위장하고 해저를 살금살금 누비거나
코코넛 껍데기 두 개로 만들어진 튼튼한 공 안에 몸을 숨기고 굴
러다니는 모습이 목격되기도 했다. 맥엘리곳 박사는 가마우지를
"깃털 달린 유인원"이라고 부르기도 했다. 연구자들이 일부러 닿
기 어려운 곳에 둔 작은 먹이들을 획득하기 위해 철사 조각을 구
부려 고리를 만든다는 것이다. 맥엘리곳 박사는 염소가 도구를 만
들거나 이용하는 사례에 대해서는 언급하지 않았지만, 자신이 했
던 실험에 대해서는 이야기해주었다. 이 실험에서 염소들은 밧줄
을 당겨서 손잡이를 밀어야만 상자에 든 음식을 꺼낼 수 있었다.
박사가 실험한 동물은 대부분 그 일을 해냈고, 박사는 이 동물들이
10개월 뒤에도 여전히 그 방법을 기억하고 있음을 확인했다.

그러면 웃음은 어떨까? 물론 어떤 동물은 경고나 분노의 뜻을

담은 감탄사를 사용하기도 하지만 이것이 언어가 되려면 그 안에
더 복잡한 정보가 담겨야 한다. 버빗원숭이는 포식자가 어떤 동물
인지에 따라 다른 경고의 외침을 사용한다. 버빗원숭이 중 한 마리
가 "뱀이다!"에 해당하는 소리를 지르면 이들은 나무로 올라가지
만, "독수리다!"에 해당하는 소리를 지르면 땅으로 숨는다. 벌은 8
자 춤의 각도와 길이, 활력으로 먹이의 방향과 거리, 질을 전달하
는 것으로 유명하다(카를 폰 프리슈Karl von Frisch는 벌의 언어를 해
독해서 1973년에 노벨상을 받았다). 그리고 (개가 아니라 미국의
초원 지대에 굴을 파고 사는 작은 설치류인) 프레리도그는 자연계
에서 언어를 가장 선진적으로 이용하는 동물에 속한다는 발견이
최근에 있었다. 이들은 포식자의 유형을 구분하기 위해 다양한 소
리를 사용할 뿐만 아니라, 개별 포식자의 특성, 가령 그 크기나 속
도, 색깔을 묘사하기 위해 소리들에 변화를 주기도 한다. 이를 밝
혀낸 연구자인 콘 슬로보치코프Con Slobodchikoff 교수는 도르래를
조작하여 큰 모양, 색이 들어간 모양, 추상적인 모양 등을 프레리
도그 군집 위에 반복적으로 띄워 이 사실을 알아냈다. 프레리도그
는 자신들이 사는 집 위에 뜬 물체의 특성에 맞춰 신호음을 내곤
했다. 이들은 정말로 "여기 또 다른 커다란 파란색 삼각형 물체가
있다"에 해당하는 소리를 냈다. 똑똑한 것들.

　　그러면 유인원은 어떨까. 유인원은 우리처럼 정교한 음성 및

호흡 통제 기관이 없기 때문에 말을 하지 못하고 소리를 낼 수도 없지만, 인간에게 포획된 상태에서 수화를 배운 적이 있다. 고릴라 코코와 마이클, 그리고 침팬지 칸지와 님이 이 사례에 속한다. 코코는 1,000개의 다른 신호를 배운 것으로 보고되었다. 여기에는 '음식', '마시다', '견과류' 같은 기초적인 단어부터 '가짜', '정중한', '불쾌한' 같은 상당히 복잡한 개념어까지 망라되었다. 코코와 마이클이 수화로 표현했다는 것들은 상당히 놀랍다. '엄마'에 대한 질문을 하자 마이클은 수화로 이렇게 대답했다. "짓뭉개다 고기 고릴라, 입 이빨, 울부짖다 날카로운 소음 크게, 나쁜 생각-문제 보다-얼굴, 자르다/목 입술/여자아이, 구멍." 사람들은 마이클이 자신의 어미가 밀렵꾼들에게 살해당한 이야기를 한 거라고 주장했다. 좀 더 멀쩡한 동물행동학자들은 그런 복잡한 의미들은 그냥 인간 조련사들이 투사한 거라고 보긴 하지만 말이다. '라이브 챗Live Chat'이라는 한 웹에 실린 코코와 조련사 패터슨 박사와의 다음 대화가 전형적인 사례에 속한다.

질문: 네 새끼 고양이의 이름은 뭐니?
코코: 발
패터슨 박사: 발은 네 새끼 고양이들 이름이 아니잖아!
질문: 코코, 네 고양이의 이름은 뭐니?

코코: 아니야.

질문: 다른 사람들하고 대화하는 거 좋아하니?

코코: 좋은 젖꼭지.

패터슨 박사: 젖꼭지nipple는 사람들people하고 운이 맞아요. 코코는 사
람 자체를 표현한 것은 아니고, "그런 것과 비슷한 소리"를 내려고 했
던 거예요.

　우리 동물 친구들이 가진 약간의 능력에도 불구하고 서로 이
야기를 나누고, 개념들을 결합시켜 새로운 생각을 만들어내고, 과
거와 현재, 미래의 이야기들을 상상하는 데 있어서 인간의 성취
는 마치 마이너리그 팀 앞의 메이저리그 팀처럼 동물들의 능력을
훨씬 능가한다. 마침 내가 이 글을 쓰고 있는 오늘 유럽우주기구
European Space Agency가 필레라는 이름의 로봇 탐사선의 착륙 시도
를 블로그를 통해 전 세계에 생중계하고 있다. 필레는 로제타(고
대 이집트 문명의 상형 문자를 판독하는 데 사용된, 글씨가 새겨진
돌의 이름을 딴 것이다)라고 하는 로봇 모선을 타고 10년간 태양
계를 여행하다가 혜성들이 혹시 아미노산 분자를 뿌려서 38만 년
전에 지구상에 생명이 움트게 했는지를 확인하기 위해 67/추류모
프-게라시멘코 행성에 착륙했다. 인간이 복잡한 사고를 하고 이
를 서로 주고받으며 소통한다는 증거는 이 한 문장이면 충분할 것

이다. 대견하기도 해라!* 그러면 우리의 마음은 어떤 점에서 염소의 마음과 다를까? 염소는 왜 전쟁을 하거나 우주 탐사를 떠난다는 생각을 하지 못할까? 우리와 다른 동물을 구분 짓는 것은 무엇일까? 토머스 서든도프Thomas Suddendorf는 자신의 훌륭한 책《더 갭 The Gap》에서 인간과 동물을 구분 짓는 것은 "내포된 시나리오 구축 능력"과 "관계 맺고자 하는 충동"이라고 말한다(그렇군, 이 두 가지란 말이지). 다시 말해서 복잡한 것을 상상할 수 있는 능력과 그걸 (다른 사람들에게) 지껄이려는 경향이 바로 인간을 동물과 구분 짓는다는 것이다.

　예를 들어 상대방이 자신의 와인 잔 아니면 내 와인 잔에 독을 넣고 머리싸움을 벌인다고 상상해보자. 반드시 둘 중 한 잔을 택해 마셔야 한다. 나는 상대의 행동에 대해 다음과 같은 논리적인 추론을 할 수 있다. "음, 영리한 사람이라면 자신의 잔에 독을 넣을 거야. 엄청난 바보가 아니고서는 자기 잔을 마시지 않으리라고 생각할 테니 말야. 난 엄청난 바보가 아니고, 그러니까 분명히 당신 앞에 놓인 와인을 선택할 수 없지. 하지만 당신은 내가 엄청난 바보가 아니라는 걸 알았음에 틀림없고, 그것을 확신했을 거고, 그러면

---

* 하지만 어제는 1차대전이 끝난 지 100주년 되는 날이었다. 이는 (국민 국가 같은) 상징적인 사상을 만들어내고 그에 입각해 행동하도록(그리고 이를 위해 목숨을 버리도록) 서로에게 확신을 심어준 우리의 능력을 보여주는, 별로 유익하지 못한 사례에 속한다.

난 내 앞에 놓인 와인을 선택할 수가 없지……."

감이 오는가? (영화 〈프린세스 브라이드〉의 한 장면인) 이것은 우리가 마음속에서 시나리오를 짤 수 있음과 시나리오가 우리의 행동에 의해 어떻게 바뀌는지를 보여주고, 이에 대해서 다른 행위자들이 우리가 어떻게 생각하고 심사숙고하며 논리적으로 사고하는지 타인의 생각까지도 상상할 수 있다는 것, 그리고 이런 경우라면 또는 저런 경우라면 우리가 어떻게 행동할지를 예측하는 등 무한대의 상황을 상상할 수 있음을 보여준다(이 장면은 장황한 논리적 추론으로 이어지다가 결국 치명적인 독에 중독되는 것으로 막을 내린다). 서든도프 교수는 이렇게 지적했다. "가상의 시나리오를 짜는 기본적인 능력은 다른 동물에게도 있는 것으로 보이지만, 인간의 경우 정신적 시나리오 구축 능력이 2세 이후에 폭발적으로 늘어나는 반면, 유인원의 능력은 그다지 폭발적으로 향상되지는 않는다."

시나리오를 상상하는 능력 중에서 특히 중요한 것은 '정신적인 시간 여행'을 할 수 있는 재능이다. 이 표현은 과거를 파고들어 무슨 일이 일어났는지를 회상할 수 있고, 미래로 여행하여 무슨 일이 일어날지를 상상할 수 있다는 뜻이다. 어떤 의미에서 모든 동물이 과거를 통해 학습한다. 내 고양이는 아침에 삐 하는 소리가 들릴 때 어떤 큰 물체의 얼굴로 가서 집요하게 야옹거리면 그 물체

가 일어나서 밥을 준다는 사실을 학습했다. 하지만 동물행동학자
들은 고양이 재닛이 구체적으로 어제 아침이나 지난주 같은 특정
한 시점을 기억해서 그것을 근거로 오늘 어떻게 행동할지를 정한
다거나, 내일은 훨씬 귀찮게 야옹거리면 그 큰 물체가 아침밥을 더
빨리 가져다줄 수도 있다는 논리적 추론에 따라 상상하지는 못한
다고 여긴다. 고양이나 염소는 특정한 사건을 떠올리고는 그와 다
르게 어떻게 행동할 수 있는지를 사고하지는 못한다. 하지만 침팬
지의 경우는 아직 여지가 있다.

나와 염소에 대한 이야기를 나누던 (맥엘리곳 박사의 동물행
동학자 동료 중 하나인) 줄리안느 카민스키Juliane Kaminski 박사는
이를 이런 식으로 설명했다. "아직 몰라요. 하지만 우리는 염소들
이 삽화적인 기억을 하지 못하기 때문에 미래나 과거에 대해 많이
생각하지 못하고, 시간에 갇혀 있을지 모른다고 생각해요. 어쩌면
그래서 매번 그 즉시 그 자리에서 결정을 내리는 거겠죠."

나한테는 이 말이 핵심적으로 들렸다.

우리 인간을 훌륭한 계획가이자 책략가로 만들어주되 동시에
걱정하고 후회하게 만드는 것이 바로 마음속으로 시간 여행을 할
수 있는 이 능력인 것이다. 염소들은 현재에 대해서는 불안해하거
나 스트레스를 받지만, "만일 ⋯⋯했더라면" 또는 무언가가 있었
더라면 같은 걸 두고 그런 감정을 갖지 않는다. 그렇다. 나 역시 곧

잘 어슬렁거리며 많은 시간을 보내지만, 과거의 기억을 떠올리고 미래를 상상하는데, 심지어 때로는 "만일 ……라면 어떨까?"처럼 지금과는 다른 현재를 상상하는 데 마음을 쏟기도 한다. 따라서 일 자리와 은행 잔고, 내가 잘한 것인지 못한 것인지에 대한 인간적인 걱정에서 해방되어 휴가를 가지려면 나는 정신적인 시간 여행의 압제에서 벗어나야 한다. 만일 우리가 미래의 시나리오를 상상할 수 없다면 그에 대한 걱정도 할 수 없고, 과거의 사건들을 기억할 수 없다면 그걸 두고 후회할 수도 없을 것이다! 따라서 나는 내 시간 감각을 바꾸기만 하면 된다.

이 얼마나 멋진 생각인가! 그리고 얼마나 완벽하게 무시무시한 소리인가. 질병이나 사고 때문에 중앙 측두엽 같은 뇌의 일부에 병소가 생기는 환자들이 있다. 클라이브 웨어링Clive Wearing이라는 음악가는 46세 때 바로 이런 일을 겪었다. 대부분의 사람들에게는 헤르페스 바이러스가 잠복 상태로 존재한다. 이 바이러스가 활성화되면 보통은 신경을 타고 얼굴로 내려가서 입술에 흉한 발진으로 나타난다. 하지만 드물게 반대로 움직일 수도 있다. 즉 신경을 타고 위로 올라가서 뇌염을 일으킬 수 있는데, 그러면 뇌에 염증이 생겨서 두개골 안이 부풀어 오르게 된다. 웨어링에게 이런 일이 일어난 건 1985년이었다. 그는 감기에 걸린 줄 알고(의사도 그렇게 생각했다) 그냥 계속 침대 신세를 졌다. 의사가 정말로 잘못된 게

무엇인지를 알아차렸을 무렵에는 감염 부위가 중앙 측두엽의 일부
를 손상시켰고 해마를 파괴해버렸다. 그로 인해 새로운 기억을 만
들어내지 못하고 영구적으로 현재 시점에 갇히게 된 것이다. 그는
병에 걸리기 이전 삶의 여러 측면들을 기억하지만, 단기 기억력은
겨우 30초 정도에 한정되었다. 그래서 아내에게 질문할 수는 있지
만, 그 대답을 기억하지는 못하고, 따라서 대화는 끝없이 돌고 돌며
반복되었다. 좀 어떠냐고 물어보면 그는 처음으로 의식을 막 다시
회복했다고 대답했다. 그에게는 수년 동안 써온 일기가 있었는데,
그 안에는 "이제, 막, 결국 완전히 깨어남" 같은 구절들을 썼다가 선
을 그어 지우고 다시 쓴 흔적들이 가득했다. 그를 피아노 앞에 데려
다주면 아직 피아노를 연주할 수 있고 악보도 읽을 수 있었다. 악보
의 순간순간 흐름들이 이어지면서 결국 한 작품의 마지막에 다다
를 수 있기 때문이다. 비록 그 전에는 방에서 피아노를 본 적이 한
번도 없다고 말할 테지만 말이다.*

　알츠하이머 병이라는 재앙도 있다. 주위에서 이 병을 처음으
로 알아차리게 되는 것은 이 병이 기억력에 미치는 영향 때문인
경우가 종종 있다. 시간을 되짚어가거나 앞서갈 수 있는 능력을 잃

---

* 웨어링은 지금 요양원에서 지내고 있으며 자신의 상태에 대해 일종의 본능적인 평화를
얻었다고 한다.

게 되면 후회와 걱정뿐만 아니라 거의 모든 것을 잃게 된다.

* * *

완벽하게 한순간에서 한순간으로 넘어가며 산다는 것, 또는 언어를 사용하지 못하게 된다는 것은 어떤 뜻일까? 심리학자들은 뇌의 특정 부분이 우리 자신의 다양한 측면과 어떻게 관련되어 있는지를 알아내기 위한 한 방법으로 웨어링 같은 사람들의 뇌에서 병소가 미치는 비극적인 영향을 연구한다. 연구자들이 뇌에서 벌어지는 일을 이해하려고 사용하는 또 다른 방법은 경두개자기자극술이다. 이것은 일시적인 '가상의 병소'를 유도하는 방법이다. 이 가상의 병소에 대한 글을 접한 나는 궁금해졌다. 만일 내가 나와 염소를 구분해주는 뇌의 일부에, 그러니까 시나리오 상상과 언어 사용을 담당하는 부위에 가상의 병소를 유도할 수 있다면, 그러면 염소가 된다는 게 어떤 것인지를 진짜 경험할 수 있지 않을까? 이런 기대는 나를 흥분시켰다.

나는 런던대학교 신경과학언어집단Neuroscience of Language Group의 책임 연구자인 조 데블린Joe Devlin 박사에게 이메일을 보냈다. 그가 경두개자기자극술로 연구하고 있기 때문이다. 그는 "솔직히 누군가에게 염소에 가까운 기분을 느끼게 하려고 경두개자기자극

술을 이용해본다는 생각은 한 번도 해본 적이 없다"고 답장을 보
내왔다. 그렇지만 내 기대를 해결해주겠다는 열의를 보이면서 최
소한 약간 맛보기라도 할 수 있도록 내게 경두개자기자극술을 시
행해주겠다는 의사를 밝혔다.

　런던대학교를 찾은 나는 복도에서 데블린 박사를 만났다. 그
는 경두개자기자극술을 이용해서 염소로서 세상을 경험할 수 있
으리라는 내 기대에 대해 이야기를 나누기 위해 점심시간을 포기
한 상태였다. 집으로 돌아갈 때 염소의 정신 상태에서 헤어나지 못
해 도움이 필요할까봐 여자 친구도 함께 왔다. 데블린 박사가 우리
에게 연구실을 보여주었다. 벽에 고전적인 연구 포스터가 붙어 있
는 창문 없는 방이었다. 깜박이며 박동하는 형형색색의 조명 같은
것도 없고 공상과학 영화 〈토탈 리콜〉스러운, 뇌를 난도질하는 시
설하고는 거리가 너무 멀어서 나는 약간 실망감을 표했고, 그러자
데블린 박사는 기다리기라도 했다는 듯 모니터에 자신의 뇌 MRI
스캔 영상을 띄우고 3-D 적외선 카메라를 꺼내더니 작은 삼각대
를 끈으로 머리에 고정시켜 분위기를 살짝 띄웠다. 이 작은 삼각대
가 있으면 3-D카메라는 머리가 어떤 모습으로 자리 잡고 있고 공
중에서 어디를 향하고 있는지, 따라서 뇌가 어떤 모습으로 자리 잡
고 있고 공중에서 어디를 향하고 있는지를 파악할 수 있었다. 그는
내게 특수한 포인터를 주었고, 내가 그것을 그의 두개골 위에서 움

직이자 모니터상에 뜬 뇌 영상이 그에 맞춰 바뀌었다. 포인터를 정
수리에서 얼굴을 지나 아래쪽으로 움직이다가 뜻하지 않게 귀에
걸리자 화면에는 그에 맞춰 두개골과 뇌, 귀를 수직과 수평으로 잘
라낸 단면이 나타났다. 상당히 재미있을 뿐만 아니라 생각해보면
사실 극도로 공상과학 영화 같은 상황이었다.

또는 이 훌륭한 박사의 표현처럼 "대단히 과학스러웠다."

신경과학자는 이 체계를 이용하여 경두개자기자극술 기계의
전자석을 머리 위에 얹고 피질의 정확한 부위에 잽을 먹이는지(이
건 내 표현), 그러니까 자극을 주는지(이건 데블린 박사의 표현)
확인한다. 바보라도 알겠지만, 분당 수백만 번의 미세한 전기 자극
이 뇌 주변과 전신의 신경을 통해 전파되면서 한 사람의 모든 생
각과 행동을 유발하고, 그런 생각과 행동의 주인이 받는 느낌도 어
떻게 해서인지는 모르겠지만 만들어낸다.

역시 바보라도 알겠지만 자기장과 전류는 상호작용한다. 따
라서 머리에 충분히 강한 자기장이 형성되면 신경 세포가 모여 있
는 작은 부위에서 전기 자극을 유도할 수 있고, 뇌의 한 부분에서
이루어지는 활동에 지장을 줄 수가 있다. 경두개자기자극술이라
는 것이 바로 이렇게 무시무시하게 큰 자석을 가지고 뇌의 일부를
자극하거나 방해하는 방법이다. 경두개자기자극술 기계를 전자기
코일에 연결하는 커다란 파란 케이블은 굉장히 두꺼운데, 두개골

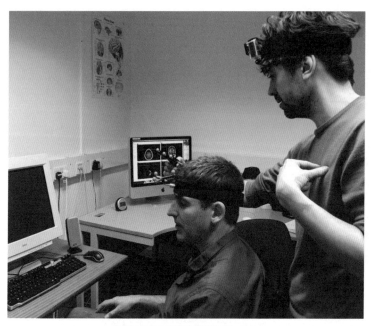

데블린 박사의 전두엽 피질을 찾는 모습.

을 관통할 수 있을 정도로 충분히 강력한 자기장을 만들어내려면 약 8,000암페어가 필요하기 때문이다. 나는 빛이 깜박이는 게 틀림없다고 농담을 했는데, 데블린 박사는 다른 회로로 바뀔 때까지 계속 깜박인다고 대답했다. 이 전기가 만들어내는 자기장은 두개골을 지나 실질적으로 뇌 속 4센티미터 정도까지 들어간다. 뇌 속 깊은 곳에 있는 많은 구조들은 심장을 뛰게 하고, 호흡을 유지시키고, 혈액 내 산소 수준을 통제하고……그러니까 바이탈 사인을

유지하는 등 아주 중요한 일들을 하기 때문에 자기장이 너무 깊이
들어가지 않게 해야만 한다고 했다.

"그러니까 그걸 다 헝클어뜨리고 싶은 게 아니라면 말이에요."
박사는 이렇게 말했다.

나는 진심으로 동감했다.

"그렇지만 뇌의 바깥층과 신피질 같은 데 소음을 가하는 건 상
관없어요. 뇌에서 그 부분이 사고와 계획, 언어 같은 것들을 모두
담당하는데, 그다지 중요한 것들이 아니니까요."

박사는 경두개자기자극술을 이용하여 뇌의 특정 부위가 실제
로 무슨 일을 하는지, 이런 부위들은 어디로 연결되는지를 알아내
려고 했다. 가령 피실험자에게 어떤 과제를 수행하도록 하고서, 그
다음에는 과제 수행과 연관이 있다고 의심되는 뇌의 한 부위에 잽
을 날리면서/자극을 주면서 같은 과제를 하도록 하고 피실험자의
과제 수행 능력이 영향을 받았는지를 확인한다. 그럼으로써 해당
부위가 정말로 연관이 있는지를 알아낼 수 있다. 데블린 박사는 특
히 언어에 관심이 있어서 주로 사람들에게 말하기와 읽기 같은 과
제를 준다고 했다. 모두 내가 염소로서 세상에 다가가고자 할 때
없애버려야 할 것들이다.

하지만 내 뇌에서 언어 담당 기관, 계획 기관, 삽화적인 기억
기관을 그냥 꺼버린다는 내 생각은 빗나가도 한참 빗나간 것이었

다. 데블린 박사는 오늘날의 기술을 가지고 뇌의 어떤 부분을 완전히 끈다는 것은 기본적으로 아예 그걸 죽이는 것과 같은 뜻이라고 설명했다. 그러니까 뇌엽절리술처럼 실제 뇌의 병소를 만들어내는 것이다. 경두개자기자극술이 제공할 수 있는 가상의 병소는 이보다 훨씬 미세하다. 이 가상의 병소들은 특정 구역의 활동을 부분적으로만 억제하며, 그로 인해 뇌의 특정 부분 전체에 영향을 끼치거나 기능이 유실되게 할 가능성은 없다. 영향은 미세한 반면 일시적이라는 점에서 뇌엽절리술보다 낫다.

나는 염소가 시간 속에 갇혀 있을지 모르고, 살아 있으면서 겪었던 특정한 사건을 의식적으로 떠올리거나 자신의 미래에 대해 상상할 능력이 없을지도 모르는 반면, 인간은 '내가 어째서 그 말을 했지? 저녁에는 뭘 만들어 먹을까?' 같은 것들로 끊임없이 과거와 미래를 오간다는 생각을 화제로 꺼냈다.

"그리고 내가 이 문제에 관심을 가지는 이유는 인간이 어떻게 후회나 희망 같은 것을 품게 되는지에 관심이 있기 때문이에요."

그러자 그는 이렇게 말했다. "나는 언어와 관련이 있을 수 있다고 생각해요. 우리에게 과거의 사건에 대해 말할 수 있게 하고, 또 그것을 집중할 수 있는 일종의 정신적 아이템으로 만들 수 있는 언어 구조가 있다는 사실은 아마 많은 기억들을 강화할 거예요. 우리는 우리 자신에 대해서 우리 입으로 진술하는 이야기들이 아닐까 하는 생각 등은 많이들 하잖아요. 한동안 어떤 사람과 같이 있으면 그들의 이야기가 계속 떠오를 거예요. 아니면 가족 모임에 가보면 가족 모두가 특정한 사건에 대해 약간 다른 이야기들을 하는 걸 알 수 있죠. 그리고 주목할 만한 것은 당신은 어쩌면 어떤 일에 대해 그것이 실제로 발생했던 대로가 아니라 당신이 그것을 말하는 방식대로 기억하는지도 모른다는 거예요. 이 때문에 잘못된 기억을 하기도 하는 거죠. 어떤 가족사는 그 자리에 있었던 사람이든 없었던 사람이든 전부가 기억하기도 해요."

여자 친구가 맞장구를 쳤다. "제가 그런 걸로 많이 욕을 먹어요. 태어나기도 전에 있었던 일을 기억한다고 말이에요." 여자 친구는 내가 내 뇌에 잽을 먹이는 걸 보려고 따라온 거였다.

"맞아요. 그리고 그런 이야기들이 우리 기억이 되는 거죠. 난 내가 염소라면 어떨지 상상할 수 있는데, 내 이야기들을 말할 수 없게 되겠죠. 많은 일들이 일어났을 수 있지만 훨씬 흐릿한 기억을 가지고 있을 테니까요."

박사가 내 언어 감각을 꺼버릴 수 있다면, 그러니까 말하는 능력뿐만 아니라 내면의 정신적 언어 같은 것까지 꺼버릴 수 있다면, 기억이나 상상을 마음속에서 재현하고 조작하는 데 사용하는 단어와 그림들이 뭉개지면서 나는 진짜 염소 되기에 한 발짝 더 가까워질 것이다.

"조, 내 언어 센터를 꺼서 내가 언어를 사용하는 능력을 잃어
버리게 해줄 수 있나요?"

"아니요."

아아아아! 어째서 모든 게 이다지도 복잡하단 말인가?! (이건
내면의 언어로 한 말이었다.)

그는 이렇게 말을 이어갔다. "뇌 안에는 언어 센터가 따로 없
어요. 뇌의 3분의 2 정도가 언어를 사용하는 능력에 기여하고 있
죠. 단, 브로카 영역이라는 데가 있는데, 다른 무엇보다 사람들이
발화하는 능력에 중요하게 작용하는 것으로 보이는 곳이에요. 그
래서 그곳을 자극해서 피실험자가 말을 중단하게 할 수는 있죠."

음, 어쩌면 이게 염소의 마음 상태에 다가가는 작은 한걸음이
될지도 모르겠군.

"제 브로카 영역을 자극할 수 있는지 알아볼 수 있나요? 그게
가능해요?"

"가능이야 하죠. 안전 관련 조치들을 한 무더기 하고 나서 그
게 합리적인 위험이라는 확신을 가질 수 있어야 해요. 그렇더라도
발화를 정지시키는 건 무지하게 어려워요. 제가 당신에게 그런 기
분을 느끼게 해줄 수는 있지만, 우리가 실제로 어떤 합리적인 시간
동안 발화를 멈추게 될 가능성은 낮아요."

데블린 박사는 먼저 내 뇌를 MRI로 스캔하지 않고 브로카 영

역에 닿을 수 있는 가능성에 대해 그다지 긍정적이지 않았다. MRI 는 돈이 상당히 많이 들기 때문에 그건 불가능하다고 봐야 했다.

"우리가 정말로 거기에 도달하게 되면 두 가지 일이 일어나요. 하나는 운동령領에 영향을 미치게 되는데 이건 마치 피실험자가 뇌졸중에라도 걸린다는 소리처럼 들리죠. 보기가 조금 불편하긴 해요."

그는 서둘러서 방안에 함께 있는 사람들을 안심시켰다. "하지 만 전혀 그런 느낌은 들지 않아요. 마치 말을 하려고는 하는데 말 이 안 나오는 느낌, 뭔가가 방해하는 그런 느낌이거든요. 다른 하 나는 설단 상태, 그러니까 발화하고 싶은 단어가 있고 그게 'p'로 시작한다는 것도 알지만 생각이 안 나는 상태에 이를 수 있어요."

음, 내게는 그런 일이 많은 편이다. 박사는 내게 검사 양식지를 건넸다. 거기에는 내가 개인적으로 가지면 안 되는, 혹은 가족의 내력이어서는 안 되는 일련의 의학적 상황들과, 알코올류 세 병 이 상 마시기 등, 내가 지난 24시간 동안 해서는 안 되었던 일들의 목 록이 적혀 있었다.

내가 어느 쪽에 표시를 해야 하는지 골똘히 생각하는 동안 데 블린 박사는 절차에 대해 설명했다.

"경두개자기자극술이 발작을 일으킬 위험이 완전히 없는 것 은 아니지만 그럴 가능성은 대단히 낮아요. 그렇다 해도 수위가 높은 위험이라고 볼 수 있죠. 의학적으로 말해서 발작은 그다지 큰 문제가 아니지만, 일반인에겐, 특히 발작을 일으켜본 경험이 없는 사람들에겐 상당히 겁나는 일일 거예요."

내 여자 친구는 귀 기울여 듣고 있었다. 나는 그녀가 자기 남자 친구가 그 멍청한 염소 집착증 때문에 스스로에게 무슨 일을 하고 있는 건지 자문해보고 있다고 상상했다. "그리고 몇 가지 요인들도 있어요. 전날 술을 많이 마셨다거나, 몇 시간 전에 카페인을 많이 섭취했다거나 하면 일시적으로 발작 위험이 올라가게 돼요."

어젯밤에 내가 마신 게 1파인트(1파인트는 약 500㎖—옮긴이)였나, 3파인트였나? 그리고 난 막 커피를 한잔 마신 뒤였다. 오, 그럼 최악의 상황이 벌어질 수도 있는 것인가? 발작?! 나는 모든 질문에 '아니오'라고 체크하고는 박사에게 검사 양식지를 돌려주었다. 그러자 박사는 절차에 대한 정보를 제공받았고 이에 동의한다는 의사를 밝히는 또 다른 양식을 건네주었다.

경두개자기자극술 기계에는 발로 밟는 통제 장치가 있어서 밟으면 자성 코일에서 딸깍하는 커다란 소리가 나는데, 그건 마치 고압의 발화 장치가 갑자기 올라갈 때 나는 소리와 비슷했다.

"자기장은 신경 조직과 근육에 영향을 미칠 거예요. 그래서 내가 그걸 팔로 누르면ㅡ"그는 자성 코일을 팔뚝 가까이에 놓았고 딸깍 소리가 나자 그의 손이 가볍게 쥐어졌다. "한번 해볼래요?"

내가 팔을 들자 그는 자기장을 가했고 그러자 손가락을 통제
하는 근육들이 저절로 오므라들었다. 살면서 몇 번 전기 충격을 겪
어본 적이 있었는데, 그때와 좀 비슷한 느낌이었다. 의지와 무관한
경련이었지만 아주 큰 충격은 없었다. 그는 내 머리 옆에 코일을
댔다.

"준비됐어요?"

"음……흠."

딸깍.

내 얼굴 옆면이 신경 계통의 틱 장애처럼 일종의 경련을 일으
켰고, 이상하게도 이 안쪽에 불편한 느낌이 들었다.

"맞아요, 음, 제5뇌신경도 거기에 있어요. 그래서 가끔 입에서
금속 맛이 나기도 해요. 전기 펄스를 한 번에 한 번씩만 주는 건 그
래서예요. 우리는 보통 발화 중단을 위해서는 2, 3초 동안 초당 열
번 정도 펄스를 주도록 설정해놓고 있어요. 그러니까 당신이 한번
해보겠다면 말이에요."

박사가 경두개자기자극술 기계에 달린 다이얼을 최대 출력으
로 돌리자 방이 흔들리기 시작했다(이건 농담이다). 그는 이제 코
일이 무슨 일을 하는지 설명했다. 틱 틱 틱 틱 틱 틱 틱 틱 틱 틱 틱
틱 틱 틱 틱 틱, 기계는 계속 돌아갔고 그는 페달을 밟고 섰다.

"일단 팔로 한번 느껴보겠어요?"

팔에 있는 신경들을 방해하는 장면.

"네, 그럴게요."

그는 코일을 다시 내 팔뚝에 댔다. 그리고 "틱 틱 틱 틱 틱 틱 틱 틱 틱 틱 틱 틱 틱 틱 틱 틱."

손에서 경련이 일어났다. 경두개자기자극술 기계를 딸깍거리면 손가락이 위아래로 움직였기 때문에 마치 오른손으로 피아노를 치는 것처럼 보이기도 했다. 만일 1초에 여덟 번 건반을 두드릴 수 있으면 나는 세상에서 가장 빠른 피아니스트가 될지도 모른다.

"죽이죠? 근육을 피곤하게 할 수도 있지만, 뇌세포들은 피곤해하지 않아요."

　그러고 난 뒤 그는 내 머리 옆쪽에 코일을 갖다 댔다.

　틱 틱 틱 틱 틱 틱 틱 틱 틱 틱 틱 틱 틱 틱.

　틱틱 소리와 함께 내 입이 씰룩거렸고 눈의 근육이 떨렸다. 그
리고 이에서 묘한 통증이 느껴졌다.

　"어때요? 불편해요?"

　"네, 조금요. 그게 다시 내 이로 내려간 것 같네요."

　"괜찮아요. 음, 발화 중단의 비밀은 이미 숙달된 어떤 걸 말하
게 하는 거예요. 당신이 그냥 말을 하면 이야기가 끊어져도 우리가
그게 어떻게 중단된 건지 알 길이 없거든요."

　"동화 구연 같은 걸 하면 되나요?"

　"아무거나요."

　데블린 박사는 내 머리에, 그러니까 내 발화 능력에 영향을 미
치는 수백만 개의 뉴런들이 있다고 판단되는 곳에 경두개자기자
극술 코일을 갖다 댔다. 나는 이 상황에 적절하다고 생각하는 동화
를 구연하기 시작했다.

　"누가 이렇게 우당탕—"틱 틱 틱 틱 틱 틱 틱 틱 틱 틱 틱 틱
틱 틱 틱 틱.

　"—하는 거지, 내 다리 위에서? 트롤이 말했습니다."

　"좋아요, 동화가 끊겼네요. 왜 그랬어요?"

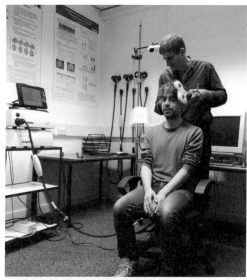

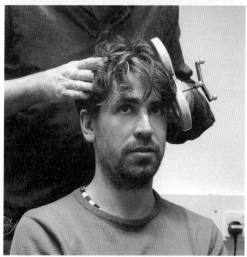

"누가 이렇게 우당탕하는 거지?"

"저도 모르겠어요."

그건 그냥 내가 타고난 어눌한 발화 스타일이었을 수도 있지만, 내 뇌 안에 있는 언어 네트워크가 교란당한 것일 수도 있다. 육체적으로 내 얼굴 옆면에서 경련이 일었고, 입안 혀 위에서는 금속 충전재들이 녹는 기분이었지만, 정신적으로는 정확히 무슨 일이 벌어졌는지 확신할 수 없다. 나는 내가 아주 잘 아는 구절의 문장 중간에서 말을 멈춰버렸다.

"한 번 더 해볼 수 있을까요? 이번에는 숫자를 세볼게요."

우리는 다시 해보았다. 데블린 박사는 이번에는 자신이 제대로 짚었는지 확신하지 못했지만, 나중에 촬영한 영상을 다시 살펴보니 내가 숫자를 말할 때 살짝 더듬거리는 부분이 있었다. 어쩌면 그냥 내가 말을 어눌하게 해서일 수도 있지만, 내 브로카 영역에 약간의 개입이 있었기 때문일 수도 있다. 박사는 MRI 스캔의 도움을 받지 않고 발화 중단을 시도했던 가장 최근에 무슨 일이 있었는지를 이야기해주었다. 그는 45분간 시도를 했고, 그러자 마지막에 피실험자가 정말로 우울해하더라는 것이었다. 나도 거기에 공감할 수 있었다. 경두개자기자극술을 겨우 한두 번 했을 뿐인데 창문도 없이 형광등 불빛이 환한 실험실에서 빨리 벗어나고 싶어지기 시작했다.

데블린 박사는 "의식 속으로 들어가는 연구는 기를 쓰고 피한다"고 말했기 때문에 난 그러지 않겠다고 다짐했지만, 결국 뇌를 조작해서 다른 동물의 경험에 가까워진다는 생각에 대해 직접 물어보기로 결심했다. 그게……가능할까요?

"까다로운 일이긴 해요. 당신은 어떤 수준에서는 이론적으로 가능할 거라고 생각하잖아요, 그렇죠? 똑같은 기능을 수행하는 똑같은 조직이니까. 우리의 생명 활동과 다른 동물의 생명 활동이 정말 근본적으로 다른 부분은 없지 않나 말이에요. 가령 파충류보다는 염소 같은 포유류가 이론적으로 더 그럴듯하다고 상상하실 수도 있겠네요. 파충류하고 인간은 조직도 그렇고 진화상의 경험도 크게 다르니까요. 문제는 염소의 경험이 무엇인지 알 길이 없는 상태에서 성공 여부를 판단할 수 있는 방법이 분명하지 않다는 것이죠."

그의 말이 옳았다. 그리고 그건 철학자 토머스 나겔Thomas Nagel이 자신의 에세이 〈박쥐가 된다는 건 어떤 것일까What is it like to be a bat?〉에서 했던 주장이기도 하다. 우린 박쥐(나 염소)가 된다는 건 뭔가 굉장한 일임에 틀림없다고 생각한다. 하지만 그게 정확히 어떤 걸까? 나겔은 우리는 결코 알 수 없으며 안다는 게 논리적으로 불가능하다고 주장했다. 이런, 나겔은 엿이나 먹으라지! 난 어쨌든 해볼 거니까.

데블린 박사는 말을 이어갔다. "하지만 이런 상상은 해볼 수 있죠. 뇌의 일부를 비활성화할 수 있으면 대충 어느 정도 비슷해지는 거 아닐까 하고 말이에요. 가령 당신이 어떤 개인의 언어 능력을 중단시킬 수 있다면 말이에요. 지금 당장은 그렇게 못하지만, 할 수 있다고 상상해보자고요. 그걸 껐다가 다시 켤 수 있으면 성공한 걸 거예요, 그죠? 그러면 피실험자한테 '어떻던가요?'라고 물어볼 수 있으니까요. 당신은 피실험자들에게 언어가 없이는 기억하기 어렵다고 생각하는 여러 가지 테스트를 시켜볼 수도 있어요. 그런 다음에 다시 언어 능력을 살렸을 때 피실험자들이 그걸 이해할 수 있는지 없는지를 알아보는 테스트를 하는 거죠. 지금은 못하지만."

"그러면 기본적으로 저는 50년 있다가 다시 와야겠네요. 그때쯤이면 박사님은 제가 염소가 되는 것을 경험할 수 있게 해주는 장치를 가지고 있을지 모르잖아요."

이런 것을 유도 심문이라고 한다. 전문직에서 일생을 보내며 터무니없는 지레짐작을 조심스럽게 피해 살았던 사람에게 질문할 때는 이런 게 좀 필요하다.

"그게 맞을 거라고 생각하지 않을 수가 없네요. 50년이면 충분할까요? 광유전학이라는 신기술이 있는데, 특정 유전자를 세포 속에 넣으면 그 유전자가 외부 광원의 변화에 따라 그 세포를 끄고 켜게 하는 방식이거든요. 지금은 분명 '외부'라는 게 어떤 조작이

고, 우린 인간을 상대로 유전자 조작을 하진 않아요. 하지만 적절
한 주파수에 대해서 상상해볼 수는 있겠죠. 그래야 실험 중에 불상
사가 발생할까봐 걱정할 필요가 없어질 테니 말이에요. 그러면 어
느 정도 성공일 거예요. 그렇지만 100억 개로 된 세포 다발에서 적
합한 세포를 골라내는 방법까지는 나는 모르겠어요."

　이게 내가 갈 길이다. 이게 내 해법이다! 이제는 일종의 유전
자 조작을 거쳐 머리에 전자파 레이저를 쏴서 내 뇌세포들이 꺼질
수 있게 만들기만 하면 된다. 아이고, 성가신 윤리위원회 사람들이
좋아하지 않을 게 뻔하다.

　"똑똑한 수많은 사람들이 이 문제를 풀려고 애쓰고 있어요.
음, 그 사람들 전부가 염소의 마음에 가까워진다는 문제를 풀고 있
는 것은 아니지만요. 그리고 나는 그 해법이 어떤 것일지 그 본성
에 대해서는 상상도 못하겠지만, 올바른 방향으로 가고 있다고 생
각하지 않을 수가 없네요. 그냥 50년만 프로젝트를 연기하면 어때
요?"

* * *

　50년이라. 그럼 나는 노쇠한 염소가 되어 있겠지. 당장은 육체
적으로 (환각에 빠져 나가떨어지지 않고) 내 지각을 바꾸는 것이

불가능하다면 최소한 유카기르족의 주술적인 사냥꾼들처럼 움직
이는 방식과 내 맥락을 바꿀 수는 있다. 일단 성가신 손가락들이
달린 덜렁대는 손부터 없애야겠다. 손과 손가락은 펜을 집거나 문
손잡이를 잡는 등 염소답지 못한 일밖에는 쓸 데가 없기 때문이다.
손을 없애고……그 대신 발굽을 달아야겠다. 그러면 나는 질주할
수 있을 테고 인간으로서의 문제들은 내 뒤로 멀어져가겠지.

3

몸
—
BODY

런던
(더워짐)

악마는 게으른 손을 위해 일을 찾아낸다.

　손을 쓰지 않고 이 세상에 접근하기 시작하면 반드시 머리(그리고 입)부터 세상에 닿게 된다. 이것이 바로 염소의 방식이다. 맥엘리곳 박사는 염소가 사실 식성이 대단히 까탈스러운 동물이라고 말해주었다. 염소가 아무거나 먹는다는 건(이건 염소가 가진 여러 문제 중 하나다) 모두가 아는 사실이기 때문에 내가 못미더워하자 박사는 염소에 대한 그러한 평가는 부당하다고 했다. 사실 염소는 입으로 세상을 탐험하고 있는 것뿐이다. 물론 탐험을 하다가 먹을 만한 것이 발견되면 먹겠지만(누가 먹지 않고 배기겠는가?), 만일 어쩌다 건조된 파스타(염소가 가장 좋아하는 만찬이다)가 더러운 뒷마당에 떨어져 있더라도 염소는 누가 와서 그걸물에 씻어주기 전까지는 입도 대지 않을 거라고 박사는 말했다. 이런 까탈스러움은 장내 기생충이 생기지 않게 하기 위한 행위에서진화했는지 모른다고 그는 덧붙였다. 만일 당신의 입이 가장 민감한 조작 부위이고 당신이 새로운 걸 좋아하는 (호기심 많은) 동물이라면 이 세상에 입을 많이 댈 것이다. 옷과 가방, 카메라 등을 한껏 씹으면서 세상과의 일차적인 접점을 통해 당신의 호기심을 충족시키리라. 새로운 물건을 맞닥뜨린 우리의 아이들이 어떻게 하는가? 입에 집어넣고 질경질경 씹어댄다.

　염소들이 늦게까지 자지 않고 싶을 땐 외양간 문의 빗장을 풀고 나갔다고? 그건 염소의 두뇌뿐만 아니라 입, 그중에서도 특히갈라져서 물건을 집을 수 있게 생긴 윗입술이 힘을 모아야 가능한일이다(염소의 윗입술은 갈라져 있어서 대단히 짧으면서도 관절처럼 분리된 두 개의 조작 장치처럼 기능한다). 대단히 복잡한 인간 문명도 뇌와 손의 긴밀한 통합의 산물이다. (현란하게 움직이는 손가락을 가지고) 내가 톡톡 두드리고 있는 이 키보드도 하나의 도구인데, 우리가 오늘날에 이르게 된 건 바로 손으로 이런 도구들을 만들고, 또 이런 도구들을 사용해서 더 많은 도구를 꾸준히만들어냈기 때문이다. 뇌의 문제는 어떤 육체적인 구현을 통해 실

세계와 연결되지 않으면 아무리 유능해도 쓸모가 없다는 데 있다 (데카르트라 해도 말이다). 그러면 손은 어디서 끝나고 뇌는 어디서 시작되는가? 물론 우리는 손이 손목에서 시작한다고 말하지만 내적으로 보면 그게 그렇게 분명하지 않다. 조 데블린이 내 손가락을 오그라들게 만들었을 때 그가 잽을 날린 근육들은 내 팔뚝에

새로운 것을 좋아하는 염소가 세상을 탐험하고 있다.

있었다. 이 근육들은 척추에서 내려오는 신경들과 연결되어 있고, 이는 뇌에서 내려오는 신경들과 연결되어 있으며, 이는 다시 뇌 곳곳에 짜여진 뉴런들의 네트워크에 연결되어 있다. 외적인 해부학과는 달리 시스템의 관점에서 생각해보면 뇌는 손까지 확장된다는 사실을 깨닫게 된다. 신체적으로 이는 빼도 박도 못하는 사실이다. 이런 네트워크를 머릿속으로 그리다보면 뇌는 내 눈 뒤에서 밖을 응시하던 일부에서 전신에 존재하는 것으로 바뀌게 된다. 사고가 순수하게 뇌에만 위치한다는 입장을 일컬어 '피질 우월주의'라고 한다. 지성을 이해할 때 뇌를 지나치게 강조한다고 보기 때문이다.

내 뇌를 주물럭대서 염소의 의식 상태에 이르려고 하는 것도 다 좋지만, 이를 몸을 통해 구현하지 못하면 나는 절대 염소 같은 느낌을 갖지 못할 것이다. 이제 나는 강력한 환각제에 대해서는 확고하게 반대하는 입장이고, 염소의 관점에서 세상을 보게 해주는 데블린 박사의 뇌 기계는 향후 50년 동안에는 마련되지 않을 테니, 문에 질러진 빗장을 바라보면서 손을 써서 빗장을 풀 생각을 하지 않거나 너트에 조여진 볼트를 바라보면서 손을 써서 그걸 풀 생각을 하지 않는 방향으로 관점을 바꿀 유일한 방법은 일단 손을 없애는 것이다. 나는 내 팔을 다리로, 손을 발로, 그러니까 발굽으로 바꿔야 한다.

　　나의 첫 변신 시도는 상당히 만족스러웠다. 내가 그 안에 실제
로 들어가려고 해보기 전까지는. 그것은 기본적으로 쇠톱으로 자
른 금속 막대들이 여기저기 비죽비죽 튀어나온, 인간 크기의 가위
였다. 그것은 인간들이 근사하다고 여기는 것들, 그러니까 눈과 손
가락, 멀쩡한 목 같은 것들을 위태롭게 만들었다. 이 물건 안에 들
어가서 한 발짝 떼는 건 불가능했다. 그냥 그 안에 들어가 있기만
해도 두려움이 밀려왔다. 관절이 너무 많아서 균형을 조금만 잃어
도 금방 쓰러져 무너질 것 같았다. 그래서 나무와 금속, 부러진 손
발이 뒤죽박죽 섞인 몰골로 그저 무너지지 않고 버티기만 하려고
해도 그다지 하찮지 않은 내 온 힘을 쏟아야 했기 때문에, 금방 진
이 빠졌다. 질주는 꿈도 못 꿀 노릇이었다.

　　관절이 많으면 많을수록 내 몸과 외골격이 무너지지 않도록
유지하고자 더 많은 근육을 써야 했기 때문에, 두 번째 원형을 만
들 때는 완전히 반대로 모든 관절을 없애기로 했다. 나는 에너지
보존에 중점을 두었다. 네발짐승으로 한 발을 떼는 것이 그토록 많
은 에너지를 필요로 하는 일이라면 그 발에서 최대한 많은 에너
지를 얻어 다음번 발을 뗼 때 도움을 줄 수 있어야 한다고 생각했
다. 두 번째 원형은 기본적으로 거대한 활처럼 생긴 두 개의 커다
란 수제 합판 스프링으로, 나는 그 사이에 있는 주머니에 들어가도
록 되어 있었다. 구상 단계에서는 이렇게 만들면 질주할 때 행글라

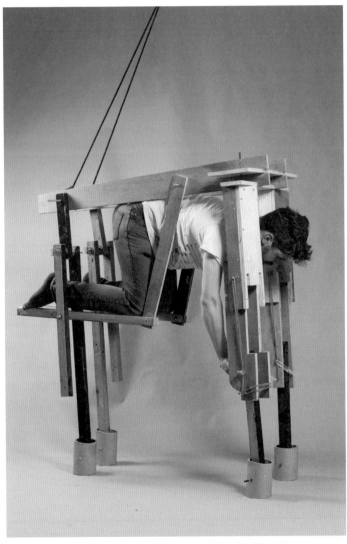

첫 번째 원형: 나무, 쇠막대, 고무줄, 두꺼운 종이관, 주운 것들.

이더의 비행사처럼 내가 내 무게를 이동시켜줄 수 있을 것 같았다. 그리고 스프링처럼 탄력이 있는 다리는 내가 전원적인 풍경 속에서 통통 뛰어다닐 수 있게 해줄 거라고 생각했다.

하지만 이번에도 역시 그 안에 들어가 있는 것 자체가 다소 끔찍한 경험이었다. 관절이 하나도 없다는 건 이론적으로는 외골격이 무게를 지탱해주기 때문에 근육에 힘을 줄 필요가 없다는 뜻이었지만, 실제로는 무게를 증폭시키는 두 개의 스프링에 얼굴을 아래로 향한 채 매달려서 아주 조금만 움직여도 금방이라도 옆으로 쓰러질 것 같은 기분이었다(그리고 제작 과정에서 고심한 끝에 이번에도 날카로운 돌출부 몇 개를 추가했다). 이 원형은 극도로 탄력이 있긴 했지만, 그걸 통제하는 것이 문제였다. 탄력이 있는 다리에 관절이 없다보니 다리를 움직이기가 힘들었다. 특히 옆으로 쓰러지지 않게 잽싸게 다리를 옆으로 움직이는 게 어려웠다. 그래서 나는 겨우 한 걸음을 내딛고는 쓰러졌다.

하지만 이 작은 한 걸음을 결코 우습게 봐서는 안 된다. 사실 어떤 맥락에서 보면 이것은 상당한 성과였다. 나는 두 번째 원형의 첫 번째 결함(관절이 없는 것)을 고치기 위해 앞다리를 잘라내고 그걸 돌려서 다시 달기로 했다. 하지만 다리는 새로 생긴 절굿공이 어깨 관절에서 자꾸만 탈구되었고, 그래서 난 사각팬티의 고무 밴드를 인대 삼아 스테이플러로 고정시켰다.

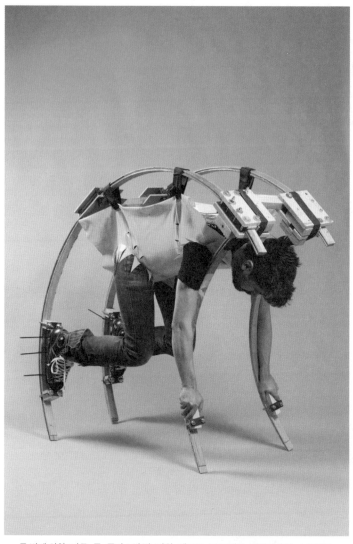

두 번째 원형: 나무, 풀, 플라스틱 판, 강철, 벨크로, 고무 밴드, 케이블타이, 스케이트.

마음 내키는 대로 내 피조물에 다리와 관절, 인대를 하사하다 보니 마치 신이 된 것만 같은 기분이 조금 들기 시작했다. 하지만 신과 달리 나는 전지한 능력은 좀 떨어졌다.

그럼에도 불구하고 두 번째 원형에 어깨 관절을 추가했더니 한 걸음이 아니라 많은 걸음을 뗄 수 있었다. 심지어 내 방 끝까지 걸어갈 수 있었다. 그리고 다시 반대편으로 걸어왔다. 하지만 이런 위업을 달성하기까지 내 입에서는 앓는 소리와 헐떡거림이 셀 수 없이 터져 나왔고, 탄력이 심한 나무 몸체에서는 끽끽대는 소리와 신음소리 비슷한 소리가 잇따랐다. 결국 내가 70 내지 80걸음쯤 걸은 후 몸체는 명이 다해서 뒷다리 하나가 부러졌다. 나는 다시 한번 살덩어리와 나무, 타박상을 입은 뼈들의 더미 속에 대자로 뻗어버렸다.

이런 시도들을 마음 깊이 간직한 채 나는 이제는 전문가와 상담을 해보기로 마음먹었다. 신에게 다가가보았지만 답이 없었고, 그래서 신의 설계를 연구하는 사람, 왕립수의대학 구조동작연구실Structure and Motion Laboratory의 존 허친슨John Hutchinson 교수를 찾아가기로 했다.

늘 하던 대로, 귀찮게 졸라대는 메일을 보내고 난 뒤 허친슨 교수로부터 아르헨티나에서 어떤 "기이하고, 기이한 새로운 공룡 화석"과 "수백만 마리의 펭귄 군집"을 연구하고 돌아온 뒤 하트퍼

드셔에 있는 캠퍼스에서 날 만나주겠다는 친절한 답장을 받았다. 꽤 재미난 연구 여행 같았다.

(말을 좋아하는) 왕실의 공주가 (또 하나의) 말 동상에 씌워진 막을 걷어내는 일을 수행하고 난 직후 나를 만나러 온 교수는 왕립수의대학 캠퍼스가 "기본적으로 동물 병원과 생체 역학 연구실이 딸린 농장"과 같다고 말했다. 데블린 박사처럼 미국인(아니면 캐나다인. 억양으로 이 둘을 분간하기는 어렵다)인 그는 몹시 바빴지만 염소에 집착하는 낯선 사람을 기꺼이 상대해줄 정도로 보기 드물게 맘씨 좋은 사람이었다.

우리가 허친슨 교수 연구실에서 실제 크기의 찰스 다윈 종이 인형이 굽어보는 가운데 뼈가 든 상자와 책들로 이루어진 높은 탑 사이에 자리를 잡자 그는 내게 왜 염소가 되고 싶은지를 물었다. 나는 인간으로 지내는 것이 괴로워서 코끼리가 되어볼까 했지만 한 주술사가 내게는 염소가 훨씬 적합하다고 말했다는, 무수히 반복해서 너덜너덜해진 대답을 내놓았다.

"코끼리에서 시작했다고요? 아, 코끼리였다면 내가 정말 잘해 드릴 수 있었을 텐데."

빌어먹을! (당황스럽게도) 어쩌면 나는 코끼리의 움직임에 대한 세계 최고의 전문가일지도 모르는 사람에게 코끼리가 아닌 염소의 움직임에 대한 자문을 구하고 있는지도 몰랐다. 하지만 허친슨 교수는 자신의 첫사랑이 코끼리(와 공룡)이긴 하지만 다른 동물의 움직임에 대해서도 흥미가 있다고 나를 안심시켰다.

우리는 동물계에 존재하는 많은 상동 구조, 대단히 판이한 종들조차 공유하고 있는 해부학적 구조에 대한 이야기로 대화를 시작했다. 새는 날고 물고기는 헤엄치고 원숭이는 나무에 매달리고 염소는 질주하지만, 이 모든 동물의 앞다리 뼈는 구조와 배열이 놀라울 정도로 유사하다. 다윈이 동물은 한 명의 설계자가 전적으로 만들어낸 지구 위에 그냥 놓인 게 아니며, 우리 모두는 공통의 조상에서 진화했다고 주장할 때 사용한 여러 근거들 중 하나였다.

옆의 그림은 다윈의 생각을 나타낸 것이지만, 지금 나와 같은 마음 상태에 있는 사람들에게 이 그림은 나의 해부학적 구조를 약간만 변형시키면 염소처럼 질주할 수 있을지도 모른다는 감질 나는 희망을 품게 만들기도 한다. 나는 허친슨 교수에게 내 주장을 펼쳤다. "그러면 우리와 염소 사이에 상동 구조가 존재한다면 염소처럼 편하게 달릴 수 있도록 해줄 뭔가를 만드는 일이 그다지 어렵진 않겠네요, 그죠?"

"오오오오." 그는 대답을 고심했다. "그렇죠. 그렇지만 쥐를 보세요. 쥐한테서도 여러 공통점을 찾을 수가 있어요. 그러니까 쥐의 본질적인 특성 중 하나가 걸레받이 뒤에서 총총거리며 쏘다닐 수 있는 능력이라고 해봅시다. 인간과 쥐 사이에 상동 구조가 있지만

존 허친슨 교수.

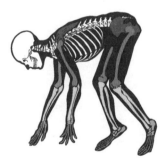

염소와 인간 사지의 상동 구조.

사람의 해부학적 구조를 걸레받이 뒤에서 총총거릴 수 있도록 조
절하기란 너무 어렵지 않겠어요, 그죠?"

흐음, 그렇다. 만일 아네테가 내 안에서 쥐를 보았다면 내가
(고양이 재닛으로부터 꾸준히 죽음의 공포를 느끼면서) 걸레받이
뒤에서 살 수 있도록 내 해부학적 구조를 조절하는 방법을 알아내
기란 어려웠으리라. 아무리 인간과 쥐의 앞다리 뼈 구조가 비슷하
다 해도 인간과 쥐 사이에는 크기라는 근본적인 차이가 가로놓여
있기 때문이다. 교수는 동물의 다양한 범주들을 묘사하기 시작하
더니 인간의 진화사 전체를 훑어 양서류와 어류까지 내려갔다.

"알다시피 거슬러가는 내내 공통점이 있잖아요. 그러나 근본
적으로 다른 점도 있어요."

아아아. 허친슨 교수는 아무래도 내가 다른 종과 해부학적 구
조가 동일하다는 이유로 우리가 어떤 차이든 해결할 수 있는 인공
기관을 만들 수 있어야 하고 그래서 그 종과 유사해질 수 있어야
한다고 주장하는 거라면, 왜 염소에 그치려 하는가라고 묻는 것 같
았다. 아무 피조물이나 골라보라. 그러면 약간의 공학으로 내 추측
을 뒷받침할 수 있는 동일 구조를 찾아내서 그 피조물이 될 수 있
게끔 나 자신을 조절할 수 있다. 가령 이와 동일한 추론을 박쥐에
도 적용시킬 수 있어야 한다. 거꾸로 매달려 있다가 급강하한 다음
음파 탐지 능력만을 이용해 입으로 잡은 곤충으로 끼니를 때우며

살아갈 수 있을까? 분명 나는 그걸 가능하게 해주는 외골격을 만들 수 있어야 한다. 박쥐와 인간은 사지 뼈의 배열이 비슷하고 폐와 후두, 입과 귀가 있다는 공통점도 있지 않은가.

그러니까 각각의 종들은 진화의 역사를 공유하면서 해부학적 구조를 공유한다는 장점도 있지만, 고유한 특성을 만들어낸 각자의 진화사도 가지고 있다. 박사는 이렇게 말했다. "우리는 진화의 역사에서 많은 짐들과 함께 가고 있고, 그걸 바꿀 수는 없어요. 우리 안의 아주 많은 것들이 하드웨어처럼 완전히 내장되어 있기 때문에 변경이 불가능하죠. 우리는 뇌가 크고 팔이 짧은 두발 동물로 진화해버렸어요."

"그렇지만, 그렇지만……"

우리의 대화를 녹화한 동영상을 보면 이 지점에서 염소가 될 수 있다는 확신이 반박당할 위기에 몰린 나는 불안해진 나머지 연구실을 반쯤 기어 다니며 교수에게 '내가 얼마나 염소에 가까워질 수 있는지'와 난 그저 '염소의 해부학적 구조를 갖추기 위해 몇 가지 결점만 보완하면 되는' 사람임을 보여주려고 했던 듯싶다. 허친슨 교수는 이 기묘한 광경의 목격자가 된 것이 약간 불쾌한 듯 보였는데, 나도 나중에 이성을 찾고 영상을 돌려보니 민망함이 밀려왔다. 하지만 당시에는 그의 주장을 반박하고 내 꿈을 지킬 방법은 그 길밖에 없는 것 같았다.

"흐음." 그는 내 시연을 떠올리며 이렇게 말했다. 그러더니 난 데없이 "물론이죠!"라고 외쳤다. 이것이 일종의 계획이라면 자신 도 어쨌든 동조하겠다고 결연하게 결심했다는 듯이 말이다. 어떤 경우든 다 큰 남자가 네발로 기면서 시끄럽게 군다면 아무리 조리 있는 주장이라도 받아들이고 싶지는 않을 텐데 말이다.

"좋아요, 그럼. 음, 기술적으로 보면 당신의 앞다리가 뒷다리 보다 짧다는 문제가 있어요. 등이 수평이 되려면 앞다리를 조금 늘 려야 해요."

이제야 제대로 되어가는군. 이런 학자들은 가끔 보면 참 늦되다.

"우린 영장류잖아요, 그런데 영장류라는 게 좀 이상해요. 우린 보통 몸무게를 전부 뒷다리에 신잖아요. 고릴라마저 많은 몸무게 를 뒷다리로 받죠. 염소와 비슷해지려면 앞다리가 더 많은 무게를 받는 상태로 걸을 수 있는 방법을 생각해내야 해요. 그러니까 몸무 게의 60퍼센트 정도는 앞다리로 받고 40퍼센트는 뒷다리로 받는 거죠."

내 몸무게가 67킬로그램이니까 그것의 60퍼센트면 40킬로그 램이다. 그건 양팔에 설탕 스무 봉지를 항상 매달고 다니는 일과도 같다. 벌써부터 황천길이 눈앞에 펼쳐지는 것 같았다.

"염소는 손톱과 발톱으로 땅을 짚어요. 앞쪽에선 이 부분이 길 게 늘어나 있죠." 그는 "손바닥뼈들이 한 덩어리로 붙어 있는(염소의 경우처럼—옮긴이)" 손바닥을 가리키며 이렇게 설명했다.

그러니까 염소나 말의 뒷다리에서 무릎처럼 보이던 부위의 관절은 사실 발목이었던 거다. 이 때문에 보통 말의 다리가 '이상하게 접힌다'는 오해가 생겨난다. 말의 다리가 이상하게 접히는 게 아니다. 무릎 관절처럼 보이는 것은 사실 발목 관절이고, 그러니까 말들은 발끝으로 걸어 다닌다고 보면 된다(이 사실을 지적하기를 좋아하는 사람들이 워낙 많아서 이제 이것은 그다지 흔한 오해는 아니다).

"염소들은 발가락을 조금 씰룩씰룩 움직일 수 있긴 하지만 상당히 뻣뻣해요. 그래도 염소는 두 발가락으로 옆으로 조금 움직일 수 있지만 말한테는 발가락이 하나뿐이고 그래서 움직임도 훨씬 제한적이죠."

"그러니까 염소들은 발굽이 갈라져 있고 그건 우리가 먹어도 된다는 뜻이잖아요. 성서에서 이르기를 '짐승 중 무릇 굽이 갈라져 쪽발이 되고 새김질 하는 것은 너희가 먹되(〈레위기〉, 11장 3절)'라고 하니까요." (나는 성서를 외우고 다니지는 않기 때문에 교수에게 성서를 직접 인용하지는 못했다.)

"맞아요. 음, 그리고 우리 인간에게는 많은 통제 기관이 사지에, 특히 다리에 퍼져 있지만, 염소의 경우에는 모든 통제 기관과 근육이 위쪽에 몰려 있고 탄력을 담당하는 부위는 아래로 낮게 뻗어 있어요."

"네, 염소는 다리가 작고 가늘죠."

"맞아요. 그리고 이 경우 장점은 사지가 가볍다는 거고, 가벼운 사지는 흔들기가 쉬워요. 5킬로그램짜리 추를 달고 달린다고 생각해보세요. 엉덩이에 추를 다는 것보다는 다리에 추를 달고 달리는 편이 훨씬 힘들어요. 바로 이런 이유 때문에 염소들은 팔꿈치하고 무릎 아래부터는 모든 걸 가늘고 길게, 가볍게 만들어놓은 거죠."

"그렇다면……염소가 사람보다 더 빨리 달리나요?" 나는 순진한 척 이렇게 물었다. 답을 알고 있었지만 이제 슬슬 질주라는 주제를 꺼내고 싶었고, 박사는 이미 약간 짜증이 난 것 같아 보였기 때문이다.

"오, 그럼요, 당연하죠."

"그것은 염소가 다리가 넷이라서 그런 건가요, 아니면 더 복잡한 이유가 있나요?"

"더 복잡해요."

모든 것이 항상 이런 식이다.

"다리도 일부 역할을 하지만 등도 큰 역할을 하죠. 염소가 질주하면서 공중에 떠 있을 때 몸을 굽혔다가 등을 쭉 뻗어서 보폭을 늘리거든요."

"아, 제 꿈이 바로 질주하는 거예요."

"질주요? 아, 이런, 질주는 아주, 아주 어려울 거예요."

이 시점에서 나는 다시 의자에서 벌떡 일어났고 이번에는 내 등도 유연하다는 것을 보여주기 위해 광적으로 몸을 굽혔다.

"좋아요, 네, 그게 당신의 요추죠. 염소의 등에 힘을 공급하는 근육과 비슷하죠. 그렇지만 당신의 요추는 염소나 다른 네다리 포유류에 비하면 약해요. 게다가 그 몸으로 질주하기는 아주 아주 힘들 거예요. 질주를 하려면 공중에 떠야 하는데, 그건 다리 힘이 훨씬 세고 세포 조직에 가해지는 스트레스가 훨씬 크다는 뜻이거든요. 빠르게 순식간에 나가떨어질 거라는 건 두말할 것도 없죠."

허친슨 교수는 역학상의 문제뿐만 아니라 내 정신력에 대해서도 의심했다. "내 생각에 사지로 땅을 때리는 연속 동작, 그 고전적인 코코넛껍데기 몬티 파이튼(신선하고 혁신적인 영국 코미디 그룹—옮긴이)식 리듬은 우리 뇌에는 좀 생경해요."

이번에도 나는 내가 물어본 것들이 사실은 얼마나 불가능한지를 나 자신이 충분히 이해하지 못한다는 분명한 인상을 받았다. 허친슨 교수는 내게 알려주려고 애쓰고 있었다.

"질주는……경이롭겠죠. 그러나 불가능할 거요. 이렇게 말하면 어떨까요? 나는 당신이 걷거나 총총거리는 편이 훨씬 '편안하다'는 것을 알게 될 거라고 생각해요."

* * *

허친슨 교수는 내게 캠퍼스를 구경시켜주었다. 캠퍼스 안에는 뿔닭의 꽥꽥거리는 소리가 울려 퍼졌다. 나는 어째서 뿔닭이 이렇게 많은지 물어보았다.

"뿔닭들은 달리는 걸 너무 좋아하죠." 그는 이렇게 말했다.

교수는 나를 생체 역학 실험실로 데려갔다. 거기에는 뿔닭 가상 현실 실험을 하려고 만든, 화면이 달린 특수한 쳇바퀴 같은 장치가 있었다. 그리고 햄스터로 실험을 하기 위한 이보다 더 작은 또 다른 쳇바퀴와, 센서와 함께 포장되어 아프리카로 배송되기를 기다리고 있는, 커다란 고양잇과 동물용 목걸이 한 세트가 있었다. 이 목걸이들은 아프리카에 도착하면 한 무리의 사자들 목에 채워질 것이다. 그는 그들이 가진 가장 큰 장치인, 경이로운 엑스레이 비디오카메라도 보여주었는데, 그의 말에 따르면 이 카메라는 "이 분야를 혁명적으로 바꿔놓고 있었다". 이 카메라가 있으면 우리는 동물이 움직일 때 내부에서 무슨 일이 일어나고 있는지를 슬로 모션으로 구경할 수가 있다.

"〈스타 트렉〉에 나오는 병실에 있는 것 같네요." 내가 말했다.

"하지만 여기에 사람을 집어넣으려면 대단히 그럴싸한 이유가 있어야 해요. 초당 엑스레이 촬영을 250번 하거든요."

Whatsinjohnsfreezer.com : 허친슨 교수의 멋진 블로그. 그의 냉장고 안에는 무엇이 있을까?

수백 마리의 죽은 동물들! (펭귄이 보이시나요?)

바깥으로 나와보니 연구실 건물 옆, 마당 한쪽 구석에 미심쩍
을 정도로 멋대가리 없는 선적용 컨테이너가 있었다. 교수는 편자
로 된 열쇠고리(진짜 편자였다)에 열쇠가 한 묶음 매달려 있는 꾸
러미를 가져와서는 자물쇠를 열고 무거운 쇠문을 열어젖혔다. 안
에 들어가보니 컨테이너에는 냉동된 장기가 든 비닐봉지가 높이
쌓여 있었다. 말의 머리가 든 봉지도 있었고, 호랑이 한 마리가 통
째로 든 봉지도 있었다. 더 안쪽에는 타조 목 몇 개, 기린 발 한 무
더기, "열한 마리의 냉동된 펭귄, 알파카 몇 마리, 표범 한 마리, 악
어 한 묶음, 코뿔소 일부 한 무더기"가 있었다.

입구 바로 옆에는 뭉텅 잘린 피 묻은 코끼리 다리 몇 개가 비
닐봉지 위로 윤곽이 드러나 보였다. "저런 게 삼사십 개 정도 있어
요. 코끼리가 죽을 때마다 내가 다리를 얻어오거든요."

한숨.

인생이 돌이킬 수 없이 꼬이지 않고서는 나중에라도 이보다
더 이상한 내용물이 든 선적 컨테이너 속을 들여다볼 일은 없을
것 같았다. 허친슨 교수는 냉동고의 문을 닫았다. 나는 교수를 따
라 뒷마당을 가로질러 높이가 높은 문 몇 개를 지나, 머리 위로 한
참 치솟은 고가 이동 기중기의 길을 따라 어떤 건물로 들어갔다.
크고 밝은 방이 나왔는데, 한가운데 뒷다리 하나에 고리가 걸린 채
로 기중기의 승강 장치에서 거꾸로 늘어뜨려진 거대한 말 한 마리

가 있었다. 허친슨 교수는 고리가 다리의 아킬레스건을 꿰뚫고 있
는 이유는 그 부분이 동물의 무게 전체를 감당할 수 있는 부위이
기 때문이라고 말했다. 하지만 그는 내게 사진은 찍지 말아달라고
부탁했다. '이 동물이 누군가의 사랑하는 반려동물이었을지도 모
르기' 때문이다.

그러니까 이곳은 왕립수의대학의 해부 실험실이었던 것이다.

방 주위에는 가운데 배수구가 뚫린 고전적인 스테인리스 스틸
해부 테이블이 있었다. 그중 한 테이블에는 내 표현에 따르면 "너
무 귀여운 작은 아기 양"이 있어서 다시 한번 나를 당혹스럽게 했
고, 그 옆 테이블에는 눈표범이 있었다. 눈표범은 아기 양보다는
조금 덜 귀여웠는데, 죽기도 했지만, 이미 해부가 거의 다 된 상태
였기 때문이다. 사실 아직 눈표범이라는 것을 알아볼 수 있게 남아
있는 유일한 부위는 꼬리와 발뿐이었다.

"눈표범을 한 번 만져보아도 되나요?" 내가 물었다.

"그럼요. 하지만 피가 좀 묻을 수도 있어요."

나는 처음으로 눈표범의 꼬리를 만져봤다. 그리고 장담컨대
그건 내 일생에서 마지막이 될 것이었다.

"왜 눈표범을 해부하나요?" 내가 물었다.

"음, 일단은 우리가 죽은 눈표범을 받았거든요." 나는 우체부
가 자신의 밴에서 눈표범 형태의 소포를 꺼내는 장면을 상상했다.

"그리고 눈표범을 해부하면 그 동물의 기능에 대해서 알아낼 수가 있어요. 집고양이부터 표범, 사자, 호랑이까지 고양잇과의 여러 종들이 어떻게 다른지를 기록하는 연구 중이거든요." 허친슨 교수가 눈표범의 발에서 놀라울 정도로 크고 날카롭게 생긴 발톱 하나를 끄집어내자 그게 어떤 식으로 기능하는지가 내 눈에 아주 선명하게 들어왔다. 눈표범은 산양을 산 채로 잡아먹는 그런 포식자가 틀림없었다. 그렇다. 내가 언제 어떻게 눈표범한테 공격당할지 모르는 상황이라면 항상 안절부절못하는 게 당연할 것이다.

"난 해부학 공부가 참 좋아요. 아름다움과 섬뜩함, 지루함과 역겨움, 따분함과 충격, 모든 것을 다 느낄 수 있죠."

나는 섬뜩함에만 푹 빠져버린 것 같았다. 죽은 동물의 커다란 사체를 조이는 데 쓰는 뾰족뾰족한 바이스와 어떤 동물의 잘려진 발굽들이 담긴 손수레가 보였다. 나는 별 생각 없이 허친슨 교수에게 염소는 얼마나 많이 해부해보았는지 물었다. 놀랍게도 그는 아직 한 마리도 해부해보지 못했다고 말했다.

"양 한 마리하고 발굽 갈라진 다른 동물은 많이 해봤어요. 바로 지난주엔 기린도 한 마리 해부했죠. 하지만 염소요? 아직 한 번도 해본 적이 없네요. 사실 염소 빼고 거의 다 해본 것 같아요. 문제는 이 주변에서는 염소를 쉽게 구할 수가 없다는 거예요. 아마 비용이 상당히 비싸다보니 아무도 수의대로 염소를 가져오지 않

해부된 눈표범.

는 거겠죠. 우린 경주마 같은 비싼 동물을 만질 일이 더 많은 편이
에요. 누군가가 정말로 아끼고 사랑하던 염소가 있었는데, 그걸 최
고의 병원으로 데려가기 위해 수백 파운드를 기꺼이 쓸 의향이 있
지 않고서야 그냥 이렇게 말하고 그만인 거죠. '미안해, 늙은 염소
야, 넌 행복하게 오래 살았잖아. 이젠 잘 시간이야.'"

우연한 기회에 나는 사우디아라비아에는 아주 비싼 염소가
있다는 것을 알게 되었다. 사우디아라비아에서는 별난 '아름다운
염소 선발대회'를 하는데, 외모가 훌륭한 염소는 수만 파운드에
이른다.

사우디아라비아의 수도 리야드에서 개최되는 마자옌 알 마아즈 경연 대회에서
퍼레이드를 하고 있는 '가장 아름다운 염소' 수상자.

"내가 죽은 염소를 구하면 우리가 같이 해부할 수 있을까요?"

"물론이죠. 전 정말 염소를 해부해보고 싶어요. 분명 재미있겠
죠. 그렇지만 동물들은 마땅치 않은 순간에 죽는 경우가 많아요.
알아차리기도 힘들고요. 여기에 데려오고 싶으면 냉동을 하는 게
좋을 거예요."

음, 나도 염소 해부가 재미있을 것 같다.

그렇다면 안타깝게도 부검이 필요한, 사랑받던 염소를 어디서
찾을 수 있을까?

* * *

버터컵은 염소에게는 지상 낙원이지만, 염소들은 낙원 다음에는 어디로 갈까? 그리고 내 경우는 예술을 위해, 허친슨 박사의 경우에는 과학을 위해, 어디든 자유롭게 다니던 염소 한 마리를 왕립수의대학의 해부 연구실로 빼내는 게 가능할까?

버터컵 염소 보호소에서 밥에게 용건을 말하기가 약간 조심스러웠다. 〈뉴욕타임스〉에 따르면 염소는 "가장 널리 식용되는" 동물 종이다(비행기 위에서 소를 세는 등의 방식으로 실제로 조사를 진행하는 유엔식품농업기구에 따르면 〈뉴욕타임스〉가 틀렸다고 하긴 하지만). 사실이 무엇이든 간에 염소가 전 세계에서 가장 많이 살육되는 동물 상위 10위 안에 드는 것은 분명하다. 유엔의 추정에 따르면 절단 같은, 상해를 입히기 위한 분명한 목적하에 매일 백만 마리가 살육을 당하고 있기 때문에, 이미 죽은 염소를 한 마리 데려다가 해부하는 것은 별로 대수롭지 않은 일처럼 보일 수도 있다. 이 수백만 마리의 염소 중에서 이름이 있는 염소는 많지 않았으리라.

그래서 다시 버터컵에 돌아가서 밥에게 그의 염소 중 한 마리를 해부하는 게 가능할지 에둘러 물어볼 때 나는 약간 겁을 먹은 상태였다.

"그건 안 돼요." 밥이 말했다. "우리는 염소가 여기 올 때 여생을 돌보고 존중하겠다고 약속해요. 그리고 나는 그 약속이 염소가 죽은 뒤에도 이어진다고 생각해요."

그래, 그러면 그렇지. 하지만 나는 우리 집 욕조에서 혼자 해보겠다는 게 아니라, 왕립수의대학에서 모든 별난 동물을 다 해부해 봤지만 염소는 구경도 못해본 교수와 학생들과 함께 전문적인 시술을 하려는 거라고 설명했다. 그러자 밥은 고심하기 시작했다. 버터컵에는 염소 장례식이나 자체적인 염소 무덤은 따로 없었다. 실용적인 이유 때문에 모든 염소의 사체는 전문적인 회사에서 수합하여 브라이턴으로 가져가 소각한다. 동물의 목숨을 앗아간 감염성 병원균이 돌아다닐 가능성 때문에 전국 각지로의 가축 이동 규정은 대단히 엄격하다. 직접 보지는 못했지만 직원들과 자원봉사자들 간에 논의는 분명 있었던 모양이다. "예술가들과 그들의 지향에 대한 모든 것을 안다"고 밝힌 한 자원봉사자가 뒷마당을 어슬렁거리고 있던 나를 찾아냈다. 나는 악마적인 염소 신성모독 행위예술 같은 짓을 하려는 게 아니라고 그를 안심시켰다. 결과적으로 자원봉사자 몇몇은 내 생각을 못마땅해했지만, 대화는 거두절미하고 "안 돼"에서 "어쩌면 될지도 모르지"로 넘어갔다. 만일 내가 규제 문제와 이동 문제를 처리할 수만 있다면 말이다.

* * *

버터컵에서 염소 한 마리가 하느님의 부름에 응답했다는 소식을 기다리는 동안, 나는 인형극을 하는 내 친구 아이번 톨리Ivan Thorley의 도움을 받아 염소 다리를 개선해보기로 했다. 우리의 목표는 허친슨 교수의 통찰을 반영한 새로운 외골격 원형을 만드는 것이었다. 앞다리는 섬유 유리로 속이 빈 '뼈'를 만들어 그 속에 내 팔을 집어넣을 수 있게 하고, 긴 손바닥뼈 자리에 알루미늄 관을 달아서 내 팔과 손을 다리와 발굽으로 만들자는 생각이었다.

간단한 것 같지만 (팔뚝 살 같은) 무게를 견디는 기능이 애당초 없었던 부위로 실제로 몸무게를 상당히 긴 시간 동안 견뎌보면 우리가 얼마나 무거운 짐을, 그러니까 자기 자신이라는 짐을 둘러메고 다니는지 알게 된다. 약간은 진전이 있었다. 이제까지 가운데 외골격의 걸음걸이가 확실히 가장 훌륭했다. 하지만 팔목 관절의 미세함을 살리고 몸무게를 효율적으로 배분하는 문제, 그리고 몸이 기계와 만나는 지점의 통증을 어떻게 최소화할 것인가라는 중요한 문제를 고려하면서 구조를 최적화하는 것은 그다지 만만한 일이 아니었다. 결국 우리가 만든 외골격의 진정한 우수함은 순환을 단절시키고 손목을 서로 다른 방향으로 비트는 고문을 당하는 것 같은 느낌을 주는 데서 발휘되었다.

그러다 문득 우리가 외골격을 만들면서 겪고 있는 많은 문제들을 어쩌면 의수족 제작자들도 절단 수술 환자들을 위해 새로운 사지를 만들 때 똑같이 겪을지 모른다는 생각이 스치고 지나갔다. 그래서 나는 글린 히스Glyn Heath 박사가 일하고 있는 샐퍼드대학교의 의수족클리닉에 직접 문의해보았다. 의수족 제작자였지만 동물학 박사 학위를 소지한 히스 박사의 독특한 이력은 그가 내 사면초가의 상황에 괜찮은 조언을 해줄지도 모른다는 희망을 불러일으켰다. 기쁘게도 그는 나를 클리닉으로 초청했고, 나는 여행용 가방에 가장 최근에 만든 앞다리를 접어 넣고 샐퍼드로 날아갔다.

의수족 제작자이자 동물학자이면서 (나중에 알게 되었지만) 자선사업가에 노조 대변인이자, 자칭 '힘 있는 사람에겐 골칫거리'인 히스 박사는 내 계획서를 보고 강하게 끌려서 초반에 조언을 해주기 위해 나를 초대했다고 설명했다.

"알겠지만, 그건 내가 보통 생각하는 방식하고 완전히 다르더라고요. 그런데 시간이 좀 지나고 나니까 상당히 흥미가 생기더군요. 어떻게 하면 그것을 가능하게 할까 생각하지 않을 수가 없더라니까. 완전히 발이 잘못 빠져버렸다고 해야 할까."

나는 의수족 제작자가 앞다리를 만드는 일은 상당히 드물 거라고 생각했다. 하지만 사실 히스 박사는 애완용 강아지 등을 위해 종종 의족을 만들기도 했다. 그래서 그는 전에 앞다리를 몇 개 만들어본 적이 있지만 인간을 위해 앞다리를 만들어본 적은 한 번도 없다고 인정했다. 나는 교체할 사지를 재미있게 변형해서 만들어 달라거나 생물학적 원형보다 더 개선시켜달라는 식의 특별한 주문을 환자에게서 받아본 적이 있는지 물어보았다.

"한 번도 없었죠. 역사상 그 누구도 인체보다 더 나은 의족을 만들어본 적은 없었어요."

"장애인 올림픽 때 착용하는 탄소 섬유로 된 의족들은 어때요?"

"그걸 착용하는 사람들은 하루 종일 하고 있지 않아요. 경기가 끝나면 벗죠. 알겠지만 그런 의족들은 한 가지 형태의 활동에만 특화된 것이거든요."

"의수족은 어떤 식으로 변화해왔죠?"

"음, 최초의 의족은 갑옷이었어요. 갑옷은 머리가 잘려나가지 않게 보호해주되 다른 건 거의 모두 못하게 하죠, 하하하!"

히스 박사는 나를 의족 기술자인 제프에게 소개시켜주었고 나는 내 꿈, 그러니까 염소처럼 마음껏 질주하고 싶다는 희망 사항을 설명했다. 이들의 반응은 허친슨 교수와 비슷해서, 내 터무니없는 기대를 적절한 수위로 조절해주려 했다. 이들은 내가 할 수 없는 많은 이유를 알고 있었지만, 그중에서도 나를 쉽게 단념시킬 수 있는 방법을 찾고 있었다. 허친슨 교수의 경우 초점은 인간과 염소 간에 놓여 있는 수백만 년의 진화상 거리였지만, 히스 박사와 제프의 경우 대화는 곧장 고통에 대한 것으로 향했다. 이들은 연구자들이 아니라 환자들을 직접 상대하는 임상의였다. 질병이나 수술로 인해 기형이 된 몸에 가해지는 고통을 덜기 위해서 실용적인 중재 장치를 만드는 것이 이들이 주로 하는 일이었다. 그리고 내가 네다리로 알프스를 넘어야 한다고 말하자 절규에 가까운 아우성이 터져 나왔다.

"호, 호, 호!" 히스 박사는 아주 유쾌한 사람이라 말할 때마다 웃음으로 끝을 맺었다. "시간이 얼마나 있어요? 만일 당신이 육식

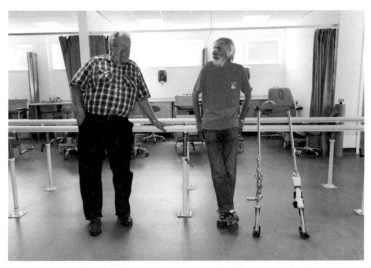

글린 히스 박사와 제프, 그리고 내가 아이반과 함께 만든 다리.

동물이라면 하루에 열여덟 시간 동안 그냥 잠만 자도 되거든요!
그런데 반추 동물은 그보다는 좀 더 돌아다녀야 해요, 하, 하하."
그는 말을 이어갔다. "나는 당신이 이삼십 분 이상은 절대로 걸어
다니지 못할 거라고 생각해요. 그것도 절대적인 최대치죠! 그리고
당신을 더 이상 걷지 못하게 만드는 것은 피로가 아닐 거예요. 피
로를 느끼기도 전에 당신을 파괴하는 것은 바로 신체 부위에 가해
지는 압력일 거예요."

제프가 맞장구를 치며 말했다. "당신은 있는지도 몰랐던 부위
가 아파올걸요."

"그래요, 제프 말이 맞아요. 우리는 기구를 좀 더 편안하게 만들어서 고통을 줄여줄 수는 있지만, 몸에 가해지는 압력은 변함없을 거예요. 그 압력이 당신을 파괴할 거고요."

파괴는 강력한 단어지만 이들은 단호했다. 의족을 착용하고 마라톤을 한 남자도 있지 않은가?

"음, 대단한 사람이죠." 제프가 말했다. "그렇지만 임상학적 관점에서 보면 그건 미친 짓이에요. 나중에라도 그 사람의 절단 부위를 한번 보고 싶어요. 아마 연화 처리한 햄 같을걸요. 아무튼 그 경우에도 최소한 그 사람은 서 있잖아요. 당신은 다른 문제들이 한 아름이에요. 가령 고개는 어떻게 들 생각이에요? 고개도 미칠 듯이 아플 텐데요. 염소 같은 동물에는 경인대라고 하는 부위가 있어요. 그게 마치 팽팽한 밧줄처럼 목 뒤로 길게 이어져 있어서 목을 들고 있을 수 있게 도와주거든요. 하지만 당신한텐 그런 게 없죠. 그래서 말인데, 난 당신이 그것을 만들지 않는 게 좋을 것 같네요. 그런 것을 사용하면 당신이 너무 편안해할지도 모르거든요. 우리는 당신이 지쳤으면 좋겠어요. 그래야 가다가 멈출 수 있을 테니까요. 우리는 당신이 고개를 너무 오래 들고 다니지 않았으면 해요. 그러면 머리로 들어가는 혈액의 흐름뿐만 아니라 신경에도 좋지 못한 영향이 미칠 수 있거든요."

"하, 하. 나는 이미 이 사람 머리로 들어가는 혈액의 흐름에 뭔가 문제가 생겼을지도 모른다고 생각하고 있네, 제프!"

"당신도 정말 안전하길 바라잖아요. 특히 목과 척추가 있는 부위는 말이에요. 안 그러면 환자가 돼서 여기 다시 오게 될 테니."

"그래요, 사실 제프 말이 맞죠." 히스 박사가 다시 진지해져서 말했다. "우린 당신이 하지가 마비돼서 여기 다시 오진 않았으면 좋겠어요."

난 동의하지 않을 수 없었다. 내 목표는 다리를 더 이상 쓸 수 없게 되는 것이 아니라 원하는 대로 사용하는 것이기 때문이다.

나는 의족을 사용하는 가장 일반적인 이유가 무엇인지를 물었다. 터키에서 돌아온 지 얼마 안 되는 히스 박사는 그곳에서 한 자선 단체와 함께 의수족 제작자들을 교육시키는 일을 했다고 한다. 그곳에서 의족을 사용하는 가장 일반적인 이유는 이웃 나라 시리아에서 벌어지는 전쟁의 외상 때문이다. 하지만 놀랍게도 민간인들이 이런 대대적인 폭력에 휘둘릴 일이 없는 사회에서 대부분의 절단은 섬뜩한 전동 공구 사고나 교통사고 같은 외상을 남기는 사건들이 아니라 불량한 생활양식의 '선택'(불량한 식생활과 흡연) 때문에 일어난다. 이런 잘못된 선택들은 당뇨를 유발하고 사지의 신경이 손상될 수 있는데, 이는 사지의 통증 신호가 제대로 전달되지 않는다는 뜻이다. 그래서 가령 물집 같은 작은 문제가 발에 생겨도 이를 그냥 무시해버리는 수가 있다. 별로 아프지 않으면 무시

하기 십상이지 않은가. 그래서 물집 문제를 무시한 채 계속 그 상
태로 걸어 다닐 것이고(병원에 가는 게 귀찮을 수도 있고 지역에
따라서는 돈이 많이 들기 때문일 수도 있다), 물집은 어느덧 묵은
상처가 되지만 아직은 아프지 않아서 괴저가 될 때까지 계속 악화
되기만 할 것이다. 그때쯤 되면 상태가 너무 나빠져서 절단 말고는
방법이 없게 되는 것이다. 어째서 통증이 발생하는지에 대한 훌륭
한 진화론적 설명이 있는데, 그것은 그래야 무시하기가 어렵기 때
문이라는 거다. 그래서 내가 염소로서 고통을 느끼길 원한다는 제
프의 말은 쓸데없는 소리가 아니라 합리적인 예방책에 가까웠다.

건강하지 못한 생활양식이 절단의 제1 원인이라는 말에 나는
시계 반대 방향으로 돌아가는 이상한 인과의 사슬을 떠올렸다. 인
간은 원래 환경을 바꾸는 데 탁월한 능력이 있었다. 어쨌든 우리
인간은 야생의 풀들을 밀과 쌀, 옥수수로 개량했고, 지구 육상 면
적의 37퍼센트를 개간하여 여러 식량 작물과 수십억 마리의 가축
을 키우고 있다. 하지만 이제 우리가 만들어낸 환경, 설탕과 지방,
알코올과 담배가 넘쳐나고 일과 오락의 대부분을 의자에 앉아서
때우는 지금의 인공적인 환경이 이번에는 우리를 바꿔놓고 있다.

나는 염소가 되어 알프스를 넘는 이 일이 전적으로 내 책임이
고, 건전한 정신과 판단력을 가진 성인이며, 결국 환자가 되어 이
클리닉에 다시 오게 될 경우 그건 전적으로 내 잘못이라는 등의

말로 히스 박사와 제프를 안심시켰다.

"알았어요, 우리가 당신 다리를 만들어주죠." 히스 박사가 말했다.

아싸.

"그러나 시간이 좀 걸릴 거예요. 일정이 어떤가요?"

나는 발정기를 피하고 싶으며 또 얼어 죽고 싶지도 않으니 "9월 말까지"는 되어야 한다고 설명했다. 이들 모두 인간으로부터 해방되어 휴가를 보내는 데 별 관심이 없는 사람들을 위해 의족을 만들어야 했고, 그건 다시 말해서 이들이 클리닉의 정상적인 근무 시간 외의 시간에 내 의족 작업을 해야 한다는 뜻이었다. 그래서 히스 박사는 최대한 빨리 시작하고 싶어 했다. 그는 내가 만든 네발 보행 장치를 보여달라고 했다. 나는 내가 특별히 제작한 짧게 자른 목발 한 쌍을 꺼내서는 클리닉 안을 돌아다녔다. 처음에는 상당히 느렸지만, 점점 네발로 걷는 것이 썩 괜찮아졌다.

내가 걸어 다니는 동안 히스 박사와 제프는 두 발 달린 몸으로 네발짐승이 되려는 시도에 있어서 잘못된 모든 것을 지적하며 조언을 들려주었다.

"뒷다리가 너무 길어요. 골반은 135도가량 틀어졌네요. 최소한 몸무게의 60퍼센트를 앞쪽에 실어야 해요. 당신은 발바닥을 붙이고 걷잖아요, 발바닥을 띄우지 않고. 하지만 아마 우리가 AFO

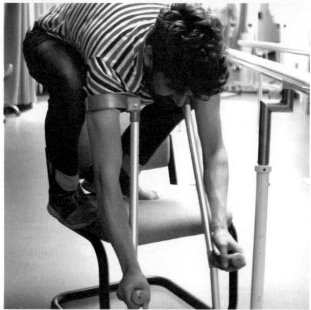

의족 클리닉에서 네발짐승처럼 걷는 연습 중.

를 만들어주면 발가락으로 걷는 후족지 움직임이 가능할 거예요."
(나중에 알았지만 AFO란 족부 보장구를 말한다.)

나는 걸음마 연습에서 졸업하고 싶어졌고, 그래서 염소처럼
앞발이 먼저 닿도록 다시 뛰어내릴 생각으로 의자에 기어올랐다.
하지만 몸을 온전하게 보존해야 한다는 뿌리 깊은 본능이 치밀어
올랐고, 그래서 갑자기 살짝 소심해졌다.

"그렇게 하면 어깨가 탈구되고 쇄골이 부러지고 인대가 손상
돼요. 그럼 하나도 재미없지." 제프가 말했다. "염소가 높은 언덕
에서 뛰어내릴 수 있는 이유는 몸이 어깨뼈랑 분리될 수 있어서거
든요. 앞다리하고 나머지 몸은 뼈로 연결되어 있지 않아요. 그래서
높은 언덕에서 앞발로 착지할 때는 마치 몸이 고무 밴드로 발 위
쪽에 연결된 것처럼 그냥 내려와서 용수철처럼 반대로 휘기만 하
면 되는 거예요. 하지만 당신 팔하고 나머지 부분은 쇄골이라는 뼈
로 연결되어 있죠."

우리가 일상생활을 하면서 건강하게 여기저기 돌아다닐 때는
미처 생각하지 못하다가, 더 이상 그다지 잘 걷지 못하게 되었을
때에야 (또는 질주하고자 하는 욕망이 방해받기 시작할 때가 되어
서야) 분명하게 드러나는 미세한 사실들이 우리 몸에는 많이 있
다. 나는 무릎이나 팔꿈치 같은 관절들이 상당히 분명한 범위의 동
작만 할 수 있다고 생각했지만, 실제로 이런 관절들은 모든 방향으

로 움직이고 조절된다. 어깨의 경우 "사방으로 움직인다".

"당신은 당신의 움직임을 당연하게 여기지만, 걸을 때 단 하나의 관절에서 무슨 일이 벌어지는지를 알아내려고 해보면, 음……"

이것은 다시 말해서 히스 박사와 제프가 내 염소 옷에 의족 관절을 최대한 적게 넣고 싶다는 뜻이었다. 외부에 덧붙이는 관절은 내 생물학적인 관절이 움직이는 범위에 맞춰지지 않아서 사실상 움직임을 방해할 것이기 때문이다. 그러니까 관절이 많아질수록 더 거추장스러워진다는 뜻이었다. 나는 전신을 감싸는 외골격에서 약간……더 단순한 형태로 물러나고 있었다.

제프는 그가 "인공 기관계의 아르 데코"(1920~1930년대에 유행한 장식예술의 한 양식—옮긴이)라고 부르는 먼지투성이 인공 관절 상자를 가져왔다. 이들은 먼지가 쌓인 많은 인공 관절을 소장하고 있었는데, 그 이유는 의수족계에서 한때, 그러니까 "전쟁 직후에" 대단히 유행하던 것들이었기 때문이다. 여기서 말하는 전쟁은 최근에 있었던 중동 전쟁을 말하는 게 아니다. 기본적으로 이건 나무 다리를 만들 때 사용하는 관절들이었다.

"당신이 찾아온 이 괴상한 늙은이는 아직도 이런 걸 좋아한다오." 제프가 말했다. 그는 한 시절을 풍미했던 이 관절들이 염소가 되려는 인간의 의족에도 완벽하게 맞을 거라고 생각했다. 단순하고, 튼튼하고, 가장 험한 알프스의 환경도 버텨낼 수 있으니.

"그러면 제가 얼마나 빨리 질주할 수 있을 것 같나요?" 나는 잔뜩 부풀어서 이렇게 물었다.

"질주는 꿈도 못 꿀 거라고 생각하는데."

"못해요, 질주는 절대 못해." 히스 박사가 쐐기를 박았다. 구슬픈 바이올린 선율이라도 울려 퍼지는 것만 같았다.

하지만 다시 잘라낸 목발로 네발짐승처럼 어슬렁대던 나는 총총거리며 빨리 걸을 수 있게 되었고, 이 모습을 본 히스 박사는 까무러칠 정도로 놀라워했다. 육체적으로는 힘이 들었지만, 정신적으로는 나의 네다리를 총총거리는 패턴에 맞추는 게 자연스러운 것 같았다. 히스 박사는 우리가 네발짐승이 되는 문제를 놓고 티격태격한 뒤부터 내 몸에서 어떤 설명할 수 없는 피드백이 일어난 게 아닌지 침을 튀기며 의아해했다. 조금만 더 젊었더라면 나에 대한 논문을 쓰고 싶었을 거라는 말도 했다.

나중에 그는 내게 다른 임상 직원 앞에서 '총총걸음'을 보여주라고 시키기도 했다. 나는 무척이나 뿌듯했다.

* * *

이후 며칠 동안 나는 히스 박사가 내 사지의 석고 모형을 뜰 수 있도록 그의 클리닉을 몇 차례 더 방문했다. 그는 내게 이렇게 경고했다.

"당신은 타고난 해부학적 구조의 제약을 받으면서 염소처럼 걷는 최초의 인간이 될 거예요. 제프와 내가 이걸 만드는 동안 당신은 골반이 좀 더 넓게 움직일 수 있도록 스트레칭도 좀 하고 햄스트링도 늘리고 무릎을 가슴 쪽으로 끌어오는 연습도 하는 것이 좋겠어요."

그래서 나는 당장 요가를 배우기로 결심했다.

그리고 그때 전화가 왔다. "버터컵……비너스라고 하는 염소……아주 안타깝게도……동물 병원에 연락……왕립수의대학으로 수송해보신 적 있으세요?"

해본 적 있고말고. 나는 당당히 동물 부산물 수송 가능 2급 면허를 소지한 화물 수송업자가 되었다. 그렇다, 친애하는 독자들이여, 만일 여러분이 죽은 동물을 영국 내에서 이동시켜야 한다면 나에게 연락하라. 동물의 절단된 척수나 뇌는 1급 면허라서 그건 내가 못한다는 것만 기억하고.

나는 차를 몰고 버터컵으로 갔다. 도착했을 때 비너스는 아직 살아 있었지만 뼈가 드러날 정도로 앙상한 상태였다. 전체 관리자인 가워의 설명에 따르면 수의사는 비너스가 요네병 때문에 쇠약해지고 있다고 의심했다. 이 병을 유발하는 특히 사악한 박테리아는 위장관으로 들어가서 장벽을 두껍게 만들고, 그러면 동물의 영

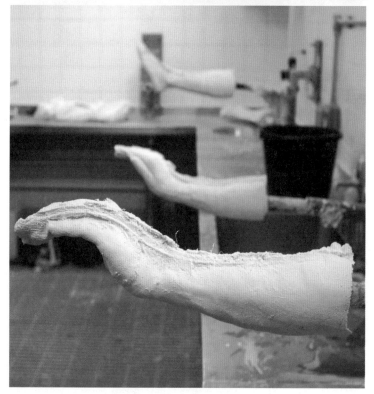

내 사지의 석고 모형을 만들고 있는 히스 박사.

늘고 불쌍한 비너스: 임종을 앞두고 네다리로 서 있다.

양물질 흡수 능력이 치명적으로 악화된다. 일각에서는 같은 박테리아(파라결핵성 장염균Mycobacterium avium ss. Paratuberculosis, 줄여서 MAP)가 인간에게 크론병을 일으킨다고 의심하기도 한다. 요네병은 가축들 사이에서 대단히 전염성이 높아서 분변과 풀, 입으로 연결된 매개체를 통해서 무리 전체에 빠르게 번질 수도 있다. 이 점을 걱정한 가위는 그래서 수의사의 가설을 검증하고 싶어 했다. 그러려면 비너스를 부검하여 장벽 샘플을 현미경으로 확인해야 하는데, 이 일을 누구보다 잘하는 사람들이 바로 왕립수의대학 과학자와 수의학자들이었다.

내가 거기 있는 동안 비너스는 약간 기운을 차렸지만, 가위의

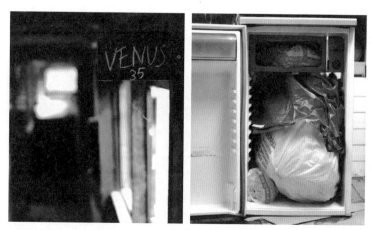

왼쪽 : 최후의 순간은 우리 모두에게 찾아온다. 그리고 그때는 (아마도) 더 이상 어쩔 수가 없다.
오른쪽 : 다행히도 비너스는 내 냉장고에 꽉 차게 잘 들어갔다.

설명에 따르면 동물은 종종 최후의 순간이 오기 직전에 잠시 좋아 보이기도 한단다. 비너스의 경우도 여기에 해당했다. 이틀 뒤인 일요일에 다시 전화를 받았다. 가위는 비너스가 불필요한 고통에 시달리지 않기를 바라는 마음에서 수의사의 손을 빌려 비너스를 안락사 시켰다고 말했다.

나는 비너스의 사체를 옮기기 위해 아버지의 차를 빌려 버터 컵으로 다시 몰고 갔다.

사후 경직이 시작되었지만, 비너스는 웅크린 자세로 죽음을 맞았기 때문에 내가 사서 들고 간 비닐봉지에 비너스를 밀봉해 넣을 수 있었다. 하지만 그날은 일요일이었고, 그건 다시 말해서 다음 날 아침이 되어야 왕립수의대학에 비너스를 데려갈 수 있다는 뜻이기 때문에, 어쩔 수 없이 비너스를 임시 영안실, 그러니까 얼음을 채운 내 냉장고에 하룻밤 보관할 수밖에 없었다. (예민한 독자들은 여기부터는 자세히 들여다보지 않는 게 좋을 것 같다.)

다음 날 나는 비너스의 사체를 차에 태워 허친슨 교수의 냉동고로 운반했다. 그날 늦은 저녁에 나는 후반부 진통으로 접어든 여자 친구의 언니를 차에 태워 병원에 데려다주었다. 그녀는 아기 이름을 비너스라고 짓겠다는 결정을 하지는 않았지만, 아가야, 네가 글씨를 읽을 수 있을 정도로 컸을 때를 기대하면서 이 자리를 빌려 얘기해주고 싶구나. "안녕, 플로렌스!" 그때 네 엄마에게 말하진 않았지만, 그 불쌍한 죽은 비너스가 몇 시간 전에 놓여 있던 바로 그 자리에서 너희 엄마가 널 낳기 직전의 상태였다는 사실은 내게 순환하는 생의 두 끝이 우리 아버지의 중고 메르세데스 뒷자리에서 만날 정도로 얼마나 가까운지에 대한 철학적 고찰을 할 수 있게 해주었단다.

* * *

비너스를 해부하는 데는 이틀이 필요했다. 비너스를 꺼내서 보니 몸통을 좀 해동해야 하는 상태였기 때문이다. 허친슨 박사는 가

죽을 벗기기 시작했다. 나도 약간의 메스 안전 훈련을 받고 난 뒤 일손을 거들어도 좋다는 허락을 받았다. 우리는 비너스의 둔부에 있는 청록색 살 조각을 노출시켰다. 비너스를 안락사 시킨 주삿바늘이 꽂히면서 안전 메커니즘이 살을 청록색으로 물들여놓은 곳이었다. 만일 여러분의 식탁에 청록색 스테이크가 놓였다면 그건 아마 경주마인지도 모른다. 이런 주사는 케타민(마취성 물질―옮긴이)과 바르비투르(진정제, 최면제로 쓰이는 약물―옮긴이)의 혼합제이기 때문에, 여러 가지 이유로 재미난 만찬이 될 수도 있을 것이다.

해부가 진행되면서 (죽긴 했지만) 익히 알고 있던 염소 형태였던 비너스는 친숙하지 않은 어떤 것으로, 그러니까 근육과 뼈로 된 틀에 담긴 상호 연결된 내장 체계로 변했다가 다시 친숙한 것으로, 그러니까 우리가 정육점이나 슈퍼마켓 냉장 칸에서 볼 수 있는 개별 장기와 사지 일부로 변신했다.

사실 나는 비위가 약한 편이라서 늙고 불쌍한 비너스를 해부하는 일이 상당히 어려울 거라고 생각했다. 나중 일이지만 친구 시몬이 찍어준 동영상 일부는 제대로 못 볼 정도였다(특히 입술로 물건을 집을 수 있게 해주는 근육들을 드러내기 위해 입 주위의 가죽을 벗겨내는 장면은 보기 어려웠다). 하지만 실제 해부는 그럭저럭 괜찮았다. 내 일상적인 경험들과는 완전히 동떨어진 기이한 시간이긴 했지만 말이다. 물론 그 방에 있던 생물학자들에게는 맨날 하는 판에 박힌 일이었다. 우리가 비너스를 해부하던 시간에 옆에서는 다른 팀이 알파카를 해부하고 있었다. 해부 도중 알파카는 결핵 때문에 죽은 것으로 보이기도 했다(다행히도 곧 아닌 것으로 밝혀졌다. 그렇지 않았다면 그곳에 있던 모든 사람이 검역을 받아야 했을 것이다). 또 한 팀은 피레니언 마운틴 도그라고 하는 엄청나게 큰 흰 털북숭이 개를 부검하고 있었다.

　기술자가 비너스의 두개골을 전기톱으로 자를 때는 이를 악물어야 했다(톱이 뼈에 닿는 소리는 감정을 자극하는 데가 있다). 그리고 둘째 날이 저물 무렵 나는 장 안에 들어 있던 내용물로 범벅이 된 염소 냄새와, 피에서 나는 쇠 냄새, 해부실의 소독약 냄새 때문에 숨도 못 쉴 지경이 되었지만, 이 모든 고통은 밖에서 안으로 염소의 해부학적 구조를 살펴본다는 환상적인 기회에 압도되었다. 이 경험은 몸이라는 것이 기계적으로 얼마나 섬세한지를 각인시켜주었다. 비너스의 몸 안에 있던 모든 뼈는 하나하나 다양한 기준에 부합하기 위해 빚어진 것 같았고, 최대한 에너지를 경제적으로 쓰면서 몸을 움직일 수 있도록 근육과 힘줄에 연결되어 있는 것 같았다.

　공학적 관점에서 보았을 때, 내가 가지고 있던 기존의 해부학적 구조를 조절하는 시스템을 고안해서 비너스의 정교한 몸에 가까워진다는 것은 결국 음, 불가능해도 한참 불가능한 일처럼 보이

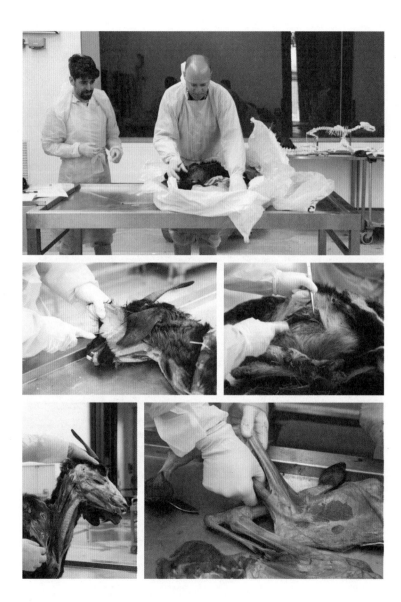

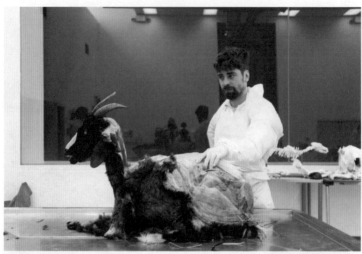

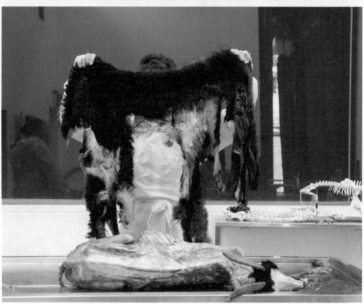

기 시작했다.

　허친슨 교수는 미국의 국방첨단과학기술연구소로부터 재정을 지원받아 구글의 자회사 보스턴다이내믹스가 제작한 네발로 달리는 로봇들을 본 적이 있는지 물었다. 그럼, 보았고말고. 소름 돋는 애들이었다.

　"음, 네발로 달리는 로봇을 고안하려는 시도는 이제 막 그 정도의 성과를 냈어요. 하지만 그건 이전 백 년간 로봇 공학 연구가 있었기 때문에 가능했던 일이죠. 그런데 이 일은 아무런 사전 지식 없이 고안하고 있잖아요. 모든 제약을 고스란히 안고 당신 몸뚱이만 가지고 하는 작업은 훨씬 어려울 거예요."

손을 발굽으로 만들려면 손에 있는 뼈들을 늘이고 손가락을 한 덩어리로 뭉쳐야 한다.

갑자기 새로운 공룡이 발견돼서, 아니면 교수 회의에 참석해
야 해서 허친슨 교수가 급히 자리를 비우자 나는 해부실에 남아서
그의 박사 과정 학생 소피 레이놀트Sophie Regnault와 레지던트 수의
사 알렉산더 스톨Alexander Stoll 박사를 도왔다. 소피는 슬개골을 모
으고 있었다. 그녀는 미천하고 늙은 카프라히쿠스Capra hircus(염소
의 학명—옮긴이)만 빼고 모든 종류의 이국적인 종들의 슬개골을
가지고 있었기 때문에 새로이 비너스의 사례를 박사 논문에 넣고
싶어 했다.

우리는 비너스의 다리를 잘랐다(그리고 소피는 슬개골을 잘
라냈다). 그리고 나는 제프의 지적대로 비너스의 흉곽이 뼈로 된
아무런 관절도 없이 일종의 근육으로 된 띠 속에서 두 앞다리 사
이에 그냥 매달려 있음을 확인했다. 암벽을 거꾸로 뛰어내려오는
일이 많다면 대단히 유용한 적응 방법이었다. 스톨 박사는 이렇게
말했다. "이런 충격이면 우리는 쇄골이 바스러질 겁니다. 염소들
은 쇄골 같은 게 없어요. 방해만 되거든요. 염소는 쇼핑 가방 같은
건 들 필요도 없고, 그냥 달리기만 하면 되잖아요."

그렇지만 작업을 계속하면서 나는 비너스와 내가(그리고 사
실 우리 포유류 전체와 지구상의 다른 동물들 역시) 생물학이라는
큰 틀에서 보면 양쪽 끝에 구멍이 뚫려 있는, 살덩어리로 된 관이
라는 기본적인 묘사에 부합한다는 사실을 확인할 수 있었다. 그리

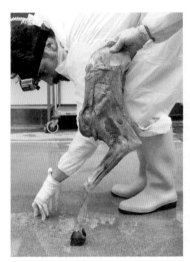

비교 해부학.

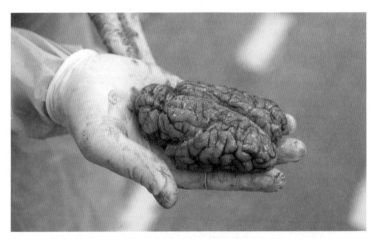

비너스를 비너스로 만들어준 기관. 우리를 우리로 만들어준 기관과 비교하면
무게가 10분의 1 정도다.

고 우리 관에는 오래 살면서 더 많은 살덩어리 관들을 만들어내기 위해 더 많은 음식을 섭취하여 흡수시킬 수 있도록 관을 움직이게 해주는 여러 가지 기묘하고 놀라운 부속 기관들이 매달려 있다. 동물계에 대한 가장 기품 있는 묘사는 아닐지 몰라도, 금붕어, 되새, 문어, 거미, 음경벌레, 디플로도쿠스(공룡의 한 종류—옮긴이), 나, 여러분의 엄마, 우리 엄마, 코끼리, 염소, 그리고 대칭적인 동물로 분류되는 나머지 대부분이 다 마찬가지다. 우리는 좌우 대칭 동물 Bilateria이다. 좌우 대칭 동물이란 동물의 99퍼센트가 속해 있는 생명나무의 한 집단으로, 대다수가 입과 항문을 가지고 있다는 특징을 공유한다. 하지만 편형동물은 여기에 속하지 않는다. 편형동물은 두 가지 기능을 함께 가진 하나의 구멍만을 갖고 있다.

그래서 우리는 모두 기본적으로 하려는 일이 동일하고 그래서 모두 상동 구조를 갖게 된 것이다. 하지만 익히 우리가 알고 있는 것처럼 악마는 세부에 많이 숨어 있다. 인간과 염소가 여러 면에서 동일하다고 해도 500만 년 전에 서로 갈라져 나와서 우리 인간은 발가락으로 걷는 두 발 동물에 쇼핑백을 들고 다니는 잡식성 동물로 진화해온 반면, 이들은 발굽이 갈라진 네발 동물이자 발굽으로 걷고 뛰기에 적합한 반추 동물로 특화되었다. 인간은 염소보다 더 큰 뇌를 갖고 있지만, 염소들은 뇌가 작은 대신 그 자리를 다른 무언가로 채워 넣는다.

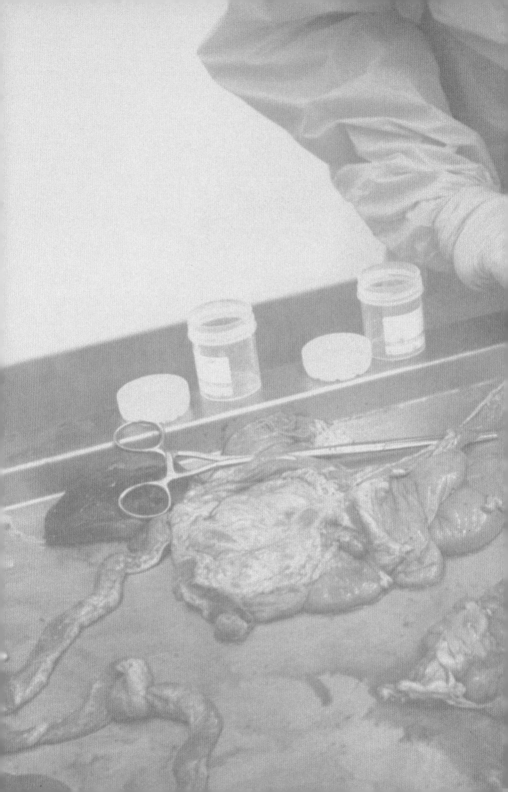

4

내장
—
GUTS

염소는 내장이 많다.

고양이 가죽을 벗기는 방법이 많듯 염소를 해부하는 방법도 많다. 스톨 박사가 우아하게 선택한 방법은 우린 모두 부속 기관이 딸린 관일 뿐이라는 내 느낌을 뒷받침해주었다. 몇 번 칼질을 하고서 짠 하더니 박사는 비너스의 장기를 혀부터 항문까지 죽 분리시켜놓았다. 그는 미끌미끌한 내장을 따로 꺼냈고(내장은 정말 많았다), 우리는 서로 연결된 한 덩어리의 내장을 다른 테이블로 옮겼다.

위장관 검사를 시작하자 소피가 친절하게도 냄새를 덮는 데

도움이 된다며 빅스 바포럽 크림(기침 억제와 국소 통증 완화에 좋다
고 알려진 크림—옮긴이)을 덜어 턱에 바르라고 주었다. 나는 비너스
의 해부학적 구조에서 특히 이 부분에 관심이 있었는데, 알다시피
산을 타고 질주하는 것과 쌍벽을 이루는 염소의 장기가 바로 먹는
것이기 때문이다. 맥엘리곳 박사가 염소는 아무거나 먹는다는 내
생각을 교정시켜주긴 했지만, 염소들이 푸른 알프스 산록에서 자
라는 풀들을 비롯해서 광범위한 식물을 먹을 수 있다는 것은 분명
하다. 나 역시 이런 장기를 너무나도 원했다.

　스톨 박사는 이 음식물들이 비너스의 몸으로 흡수될 때 몸속을
지나가는 통로를 추적했다. 그래서 우리는 혀에서 시작해서 식도
로 내려가 후두를 지나, 복강에 들어 있는 기관들을 따라 내려갔다.

　앞창자로 소화하는 동물인 염소는 혼란스럽게도 네 개의 소
화 기관을 가지고 있다. 이 여분의 소화 기관이 모두 있어야 하는
이유는 모든 포유류가 그렇듯 셀룰로오스와 리그닌을 소화시키는
데 필요한 효소를 자체적으로 만들어내지 못하기 때문이다. 염소
가 먹는 대부분의 식물이 셀룰로오스와 리그닌으로 되어 있다는
점을 생각해보면 어쩌면 이건 신의 실수처럼 보인다.

　반면 많은 미생물들이 이런 효소를 합성할 수 있다. 그래서 염
소를 비롯한 앞창자 소화 동물은 미생물과 공생 관계를 진화시켜
왔다. 이 동물들은 미생물에 소화 기관 속 살 수 있는 공간을 제공

하고, 미생물은 소화가 잘 안 되는 셀룰로오스와 리그닌을 발효로 처리한다. 이것은 시간과 공간이 필요한 느린 과정이며, 우리가 해부용 테이블에 올려놓고 들여다보고 있는 네 개의 소화 기관에 아직 내용물이 들어 있는 것도 그런 이유 때문이다.

네 소화 기관 중 첫 두 개는 반추위와 벌집위라고 한다. 반추위 윗부분에 달린 작은 벌집위는 일종의 막힌 주머니와 같아서, 반추 동물은 천천히 씹고 있던 풀들을 여기에 저장시켜놓았다가 다시 목으로 역류시켜 씹는다.

이미 한 번 아래로 내려갔다 왔다는 말은 그 사이 미생물들이 격렬하게 달려들어 음식물들을 부드럽게 만들어놓았다는 뜻이기 때문에, 이걸 다시 입에서 씹었다가 반추위로 내려보내면 미생물의 활동이 한층 원활해질 수 있다.

"그럼 벌집위가 우리 맹장하고 같은 건가요?" 내가 물었다.

"아니에요." 스톨 박사가 대답했다.

소피가 반추위를 잘라서 열어 보이자 비너스가 마지막으로 먹은 식사의 잔여물과 함께 갈색 스프 같은 물질이 흘러나왔다(비너스는 마지막 만찬으로 풀을 뜯은 것 같았다). 이것이 반추 동물이 우리가 하지 못하는 걸 할 수 있게 해주는, 그러니까 식물성 물질 안에 든 셀룰로오스를 소화할 수 있게 해주는 미생물(박테리아, 균류, 원생동물)로 가득한 반추위액이었다.

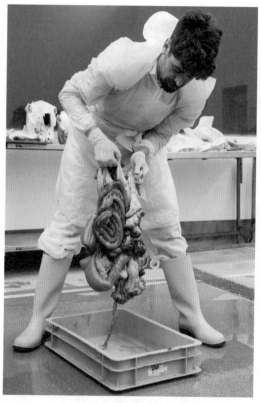

염소의 소화관 미생물 양식장.

"반추위와 벌집위는 커다란 내부 발효실이라고 볼 수 있어요. 거기 사는 박테리아가 일을 다 하죠." 스톨 박사가 설명했다. "실제로 풀을 휘발성 지방산이라는 물질로 분해하는 효소를 반추위에 있는 박테리아가 만들어요. 포유류는 풀에 들어 있는 셀룰로오

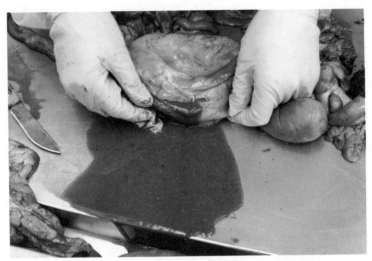

비너스의 반추위와 대단히 중요한 반추위액.

비너스의 장을 풀어내고 있다.

스를 분해하지 못하거든요."

"그럼 반추위 다음에는 뭐가 있어요?"

"그 다음은 겹주름위예요. 여기엔 책처럼 종잇장 같은 게 달려 있는데 몸에 딸린 체처럼 기능해요. 마지막에 있는 주름위로 작은 입자들만 넘어가게 하거든요. 우리의 위에 해당하는 것이 마지막에 있는 주름위죠. 앞에 있는 모든 것은 위의 윗부분이라고 보면 돼요. 좀 과하긴 하죠. 주름위에는 우리한테 친숙한 산이 다 있어서 소화를 적절히 시킬 수가 있어요."

이 모든 기관이 장막이라고 하는 커다란 지방 세포 조각에 싸여 있는데, 스톨 박사에 따르면 이 장막으로는 맛있는 그리스식 소시지를 만들 수 있다고 한다.

반추위와 그 안에 살고 있는 미생물이 없는 우리 인간에게 셀룰로오스는 식이섬유다. 그래서 장운동에 중요한 역할을 하긴 하지만 에너지를 만들어내는 데는 별 도움이 되지 못한 채 그냥 소화 기관을 통과하고 만다. 반면 반추 동물에게 셀룰로오스는 주된 에너지원이다. 염소는 일종의 체내 양식장을 가진 것과 같다. 이 반추위에 든 양식장에서 미생물에게 많은 풀을 공급하여 미생물을 성장, 증식시키고 영양분이 풍부한 휘발성 지방산을 만들어내 미생물을 배양한다. 휘발성 지방산은 많은 양의 미생물과 함께 여과되어 주름위로 넘어가고, 이 주름위에서 마지막으로 우리에게

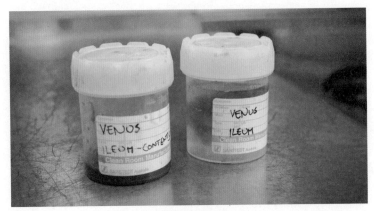

비너스의 장관에서 떼어낸 생검.

익숙한 방식으로 위산을 이용하여 최종 수확물을 소화시킨다. 염소가 풀을 먹고, 미생물이 풀을 소화시키면, 염소가 미생물을 소화시키는 것이다.

비너스의 소화 기관은 장까지 이어진다. 소피는 장을 가위로 잘라 열기 전에 내게 빅스 바포럽을 넉넉하게 한 번 더 바르라며 주었다. 비너스의 장에 든 내용물은 반추위에 있던 것처럼 용액 상태가 아니었다. 훨씬 단단했고 식별도 가능했다.

스톨 박사는 나중에 현미경으로 치명적인 요네병(MAP 박테리아를 유발하는) 여부를 판별하기 위해 비너스의 장벽에서 작은 덩어리 두 개를 떼어냈다. 그리고 그게 다였다.

해부실로 가져왔을 때 비너스는 잠재적인 생물학적 위험 요인

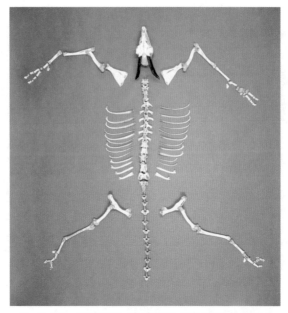

어느 뼈가 어느 뼈에 연결되는지를 알아내는 일은 까다로운 작업이다.

으로 분류되었기 때문에 남은 사체는 용광로에서 연기와 재로 소
각시켜야 했다. 하지만 우리가 뒷정리를 하고 있을 때 연구실 기
사가 특수한 골정화 시스템을 이용하여 뼈를 처리해주겠다고 제
안했다. 이렇게 처리할 경우 2주쯤 뒤에 내가 이 뼈들을 가져갈 수
있다는 것이다. 나는 잠시 생각에 잠겼다. 버터컵에서 내가 비너스
의 뼈들을 다시 맞추는 행동을 허락할까? 골격은 식별 가능한 개
체보다는 분명 감정을 덜 자극하지 않나? 아, 이런, 나는 이들이 가

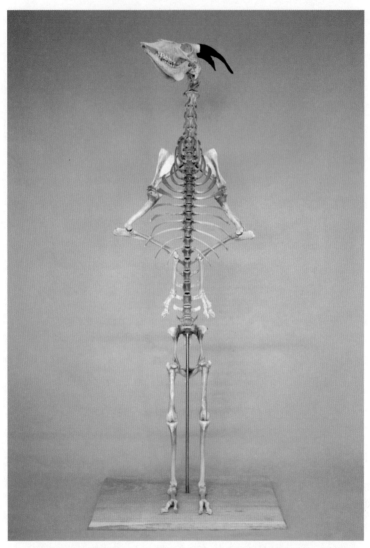

나는 내 무지에 상상력을 덧붙이기로 결심했다. 비너스가 우리와 비슷하다면 어떤 모습일까?

진 예술에 대한 최악의 공포에 확신을 심어주고 싶지 않았다.

나는 이렇게 대답했다. "네, 멋있겠네요. 많이 번거롭지만 않
다면요."

"전혀요, 하나도 번거롭지 않아요. 당신이 골격을 다시 맞추는
게 번거로울 수 있긴 하지만 말이죠."

* * *

사실 한두 시간마다 다음 스위스 퐁듀 음식점이 어디 있는지
(그리고 이어서 그 퐁듀 값을 얼마나 치러야 하는지) 걱정해야 한
다면 인간으로서의 걱정에서 크게 자유로워지지 못할 것이다. 그
래서 나는 풀을 먹을 수 있는 방법을 알아내야 한다. 그리고 풀을
그냥 먹기만 하는 것이 아니라 소화도 시켜야 한다. 풀은 아무나
먹을 수 있다. 슬프게도 1840년대 아일랜드 감자 기근 시기에 굶
어 죽은 사람들의 입에는 이들이 먹은 온갖 종류의 풀 때문에 녹
색 얼룩이 묻어 있는 경우가 종종 있었다고 한다. 사실 우리 인간
에게는 셀룰로오스를 분해할 수 있는 중요한 소화 미생물이 없기
때문에 이건 다 부질없는 짓이었다.

물론 우리에게도 자체적인 소화 미생물, 장내에 살면서 소화
를 도와주는 미생물 군집이 있기는 있다. 내가 생각해낸 셀룰로오

스 소화 능력을 갖출 수 있는 첫 번째 방법은 대변 미생물군 이식
이라는 기법을 이용해서 염소의 위장관에 있는 미생물을 내 위장
관에 넣는 것이었다. 이 기법은 보통 기능이 제대로 작동하지 않는
환자의 소화 미생물 군집을 건강한 사람의 것으로 바꿀 때 사용하
는 방법이다. 그래서 나는 염소의 소화 기관에 있는 미생물을 내
소화 기관으로 이식할 수 있다면 염소가 가진 셀룰로오스 소화 능
력을 갖게 될 거라고 생각했다.

그것이 염소 응가 관장 기술만큼 간단하다면 좋았을 텐데.

비너스를 해부해보고 나서 염소의 몸 안에서 셀룰로오스가 위
와 장, 그러니까 인간의 소화 미생물이 들어 있는 장소에 도착하기
전에 소화 가능한 물질로 분해된다는 사실을 알았다. 물론 인공 반
추위를 만드는 방법도 있다. 하지만 나는 그 정도로 순진무구한 사
람은 아니기 때문에 인공 반추위가 가능하지 않을 거라는 것쯤은
안다. 그래도 연구를 위해 애버리스트위스대학교의 초식동물내장
생태계연구실을 찾기로 했다. 거기에는 멋진 장비들도 있으니!

방문 전에 전화를 걸어 연구실 책임자인 앨리슨 킹스턴 스미
스Alison Kingston-Smith 박사와 통화를 했다. 박사가 이끄는 팀은 반
추 동물의 반추위에서 어떤 일이 벌어지는지를 연구하는 중이고,
박사의 세부 프로젝트는 식물 세포가 자신들이 갑자기 동물에게
먹혀서 소화되고 있다는 걸 알았을 때 어떤 식으로 반응하는지를

알아내는 것이었다. 상당히 특화된 연구처럼 보일 수도 있는데, 식물성 물질이 염소나 소 같은 반추 동물 안에서 거치는 발효 과정에서 강력한 온실가스인 메탄이 만들어진다는 데 핵심이 있다. 사육되는 반추 동물 전체의 트림은 세계 최대의 메탄 발생원이고 가축 일반에서 발생되는 온실가스는 전체 온실가스 배출량의 약 18퍼센트를 차지하는데, 이는 전 세계 도로 교통 수단, 배, 비행기, 기차 모두를 합친 배출량보다도 약간 더 많다. 식물이 반추위에서 소화되는 동안 무슨 일이 벌어지는지를 알아내면 메탄 발생량을 감소시키거나, 또는 완전히 억제하는 방향으로 풀을 바꾸거나 반추위 미생물의 균형을 조정할 수 있을지 모른다. 풀을 먹어서 흡수시키는 반추위의 효율성을 높이는 것은 말할 것도 없다. 전 세계 육류 수요가 2050년이 되면 세 배로 늘어나리라는 관측을 고려했을 때, 반추위의 온실가스 배출량과 효율성에 작은 변화만 줘도 환경적으로 엄청난 의미가 있다. 나는 주중에는 채식주의자가 되어야겠다고 생각했다.

나는 킹스턴 스미스 박사에게 내 프로젝트와 관련해서 폭넓은 이론적 기초를 설명하고 난 뒤 좀 더 구체적인 내용으로 들어갔다.

"제 용건은 염소 반추위액의 샘플을 얻을 수 있을까 하는 것인데요……."

"네."

"그리고 그걸 커다란 가방 같은 발효기에 넣어가지고요……."

"네."

"풀하고 잎 같은 것도 좀 넣고……."

"네."

"그런 다음에 반추위액의 미생물을 배양하는 거죠……."

"네. 그게 바로 우리가 하는 일이에요." 킹스턴 스미스 박사가 말했다. 그녀의 목소리는 사뭇 쾌활했다.

"멋진데요! 그럼 제가 헛다리 짚은 것은 아니었네요! 그래서 미생물이 풀을 발효시키면서 성장하고……."

"맞아요."

"그럼 저는 몸통에다가 이 가방을 끈으로 매달아서 씹은 풀을 한쪽 구멍으로 뱉고, 배양된 미생물과 휘발성 지방산을 밀크셰이크처럼 또 다른 구멍으로 빨아먹는 거죠. 그러면 내 진짜 위로 풀을 소화시키면서 알프스에서 염소처럼 풀을 뜯으며 살 수 있겠죠?"

킹스턴 스미스 박사가 갑자기 말투를 바꿨다.

"아뇨, 그건 아니에요. 내가 당신이라면 그런 짓은 안 할 거예요."

잘 돼간다 싶더니만. 그녀는 좀 심각한 말투로 말을 이어갔다.

"이 계획에는 안전 문제가 걸려 있어요. 새로운 일련의 기술들로 우리는 반추위 혼합물을 구성하고 있는 온갖 것들을 발견하고 있어요. 거기 들어 있으리라고는 생각하지도 못했던 것들이죠. 그리고 이중 일부는 전혀 순하지 않아요. 반추 동물은 박테리아, 균류, 원생동물, 고세균, 다양한 미생물 범주들로 구성된 복잡한 혼합물을 진화시켜왔죠. 우린 그 안에 뭐가 있는지 다 알지 못해요."

"그렇군요. 알았어요."

"그 안에는 수백 가지 다른 종들이 있어요. 지난 십 년에서 십오년 동안 사람들은 분자 크기의 도구를 이용해서 실제로 몸 안으로 들어가서 집단 구조가 얼마나 다양한지를 알아내고 있고, 예상보다 상황이 더 복잡하다는 것을 발견하고 있죠.

"그렇군요." 항상 이런 식이다.

"그리고 그 안에는 알려지지 않은 것들이 아직 끔찍하게 많아요."

"네……."

"그래서 저는 당신이 뭘 하려는지 감이 오긴 하지만, 안전을 생각하면 그렇게 해서는 안 된다고 강력하게 제안하고 싶네요."

전체적으로 나는 꽤 튼튼한 체질이라고 생각한다. 그리고 대충 계산한 위험 앞에서 꽁무니나 빼는 그런 사람도 아니다. 그래서 염소의 반추위에서 배양된 약간의 용액을 삼키는 일은 그다지 겁나지 않는다. 우리 위 안에 들어 있는 산이, 그게 동물성이거나, 식물성이거나, 박테리아거나 간에 세포들을 공격해서 분해시킬 테

니까 말이다. 내 위에 있는 산이 인공 반추위에서 배양하려고 구상
중인 박테리아든 뭐든 소화시킬 수 있으리라 생각한다. 사실 반추
위의 핵심은 동물이 풀을 먹었을 때 박테리아를 성장시킬 수 있는
완벽한 환경을 조성하는 것이니, 그러면 위는 이 박테리아와 그 부
산물들을 소화시킬 수 있을 것이다.

하지만 문제는 직접 내 손으로 염소 응가 관장제를 만든다는
최초의, 계획이라고 보기도 어려운 계획을 연구하면서 대변 미생
물군 이식을 통해 병을 치료하려는 사람들이 일부 해로운 박테리
아 같은 것들에게 몸을 서식지로 내주면서 심신이 약해지고 극도
로 불쾌한 소화 환경이 조성되어 고생한 수많은 이야기를 읽었다
는 데 있다. 또한 사람들은 온갖 종류의 기이하고 훌륭한 미생물
발효 식품들(알코올뿐만 아니라 요구르트, 사우어크라우트, 김치,
만 년 된 계란 같은)을 신나게 먹고 우리의 위산은 보통 자기가 맡
은 미생물을 별 탈 없이 잘 다스릴 수 있지만, 경우에 따라서는 압
도당할 수도 있다(최근에 나는 며칠 동안 냉장고에 있던 갑각류
와 쌀로 만든 음식을 다시 데워 먹고 나서 이 사실을 절감했다). 그
래서 난 킹스턴 스미스 박사의 요지를 이해할 수 있었다. 수천 종
에 달하는 미지의 미생물을 배양하고 그 결과물을 일부러 먹는 일
은 장기적으로 건강을 망가뜨리는 짓이 될 수 있다. 위험은 식중독
에 걸리는 데서 끝나지 않고 소화 기관이 영구적으로 약해질 수도

있다. 설사가 그치지 않는 배를 부여잡고 의사를 찾아가 내가 무슨 짓을 해왔는지를 설명하는 일은 꽤나 난감할 것이다.

무엇보다 늙고 불쌍한 비너스의 목숨을 앗아간 것이 바로 소화 기관 감염 같은 걸로 보였다. 비너스의 장에서 떼어낸 생검을 현미경으로 살펴본 스톨 박사는 비너스의 장벽이 두꺼워진 것을 확인했는데, 요네병의 증상과 일치하지만 그것을 유발한 MAP 박테리아는 눈을 씻고도 찾을 수 없었다. 박사는 단정적으로 결론을 내리지 못했다. 요네병이 아닐 수도 있고, 다른 알려지지 않은 장내 미생물 군집 때문에 죽었을 수도 있다. 물론 나라면 일부 과학자들이 고통스럽고 아직은 치료할 수 없는 크론병을 일으킨다고 의심하는 박테리아에 감염된 가시적인 징후가 없는 염소에게서 반추위액 샘플을 채취하려 했을 것이다. 하지만 그렇게 하더라도 염소에게서만 볼 수 있는 온갖 종류의 험한 박테리아들이 내 섬세하게 균형 잡힌 내부 미생물 군집으로 유입될 것이다……. 음, 그 결과는 킹스턴 스미스 박사의 말처럼 그다지 순하지만은 않을 것이다.

* * *

일부 미생물들이 풀을 먹고 살 수 있는 것은 억센 셀룰로오스

분자를 소화 가능한 당으로 분해하는 효소인 셀룰라아제를 만들어내기 때문이다. 이 효능은 염소에게만 유익한 것이 아니다. 식물 세포벽의 주성분인 셀룰로오스는 자연계에서 탄수화물이 가장 풍부하다. 때문에 셀룰로오스로 바이오 연료를 만들려는 시도가 큰 인기를 얻고 있다. 지푸라기와 옥수수 껍질, 나무 등 섬유질로 된 모든 종류의 농업 폐기물을 발효시켜 당으로 만든 뒤 다시 알코올로 바꾸는 것이다. 이를 위한 실험적인 방법 중 하나는 셀룰로오스를 활발히 생성하는 박테리아인 트리코더마 레세이Trichoderma reesei에서 추출해 정화시킨 셀룰로오스를 식물성 폐기물과 혼합하는 것이다(이 박테리아는 2차대전 때 솔로몬 섬에 주둔하던 미군의 텐트 천을 계속 소화시켜버리는 바람에 미군에 의해 처음으로 과학자들의 주목을 받게 되었다). 효소를 가지고 셀룰로오스를 바이오 연료로 전환하는 일은 산업계의 큰 희망이다. 만일 농업 폐기물을 당으로 분해하고 이를 연료용 알코올로 발효시킬 수 있다면, 우리는 쓰레기에서 연료를 얻게 되는 것이다. 지금 당장은 효소가 너무 비싸서 경제성이 없긴 하지만 말이다.

박테리아에서 추출한 셀룰라아제 효소는 식품 산업에서도 사용된다. 과일에서 과즙을 짜낸 뒤 과일의 남은 섬유질 펄프와 셀룰라아제를 섞어 이 섬유소를 당으로 분해, 과일의 모든 성분을 남기지 않고 효소로 액화시킨 사랑스러운 즙으로 전환하는 것이다.

이것이 식품업계에서 상용화되면 인간도 안전하게 섭취할 수 있을 것이다?! 그러면 나는 내 인공 반추위에서 똑같은 방식으로 정제시킨 셀룰라아제 효소를 가지고 풀에 든 셀룰로오스를 당으로 분해하여 알프스에 체류하는 동안 영양소를 공급받을 수 있게 된다. 나의 인공 반추위가 스스로 기능하지는 못하고 이런 효소를 주입하는 데 의지해야 한다는 게 아주 이상적이지는 않지만 몇 가지 장점도 있다. 무엇보다 좋은 점은 소름 끼치는 기생충 감염의 위험을 불사할 필요가 없다는 것이다. 이건 기본적으로 생물학적인 세제를 먹는 것과 비슷하다. 넉넉하게 먹으면 아프거나 죽을 수도 있지만, 체내에 남아서 살지는 않을 것이기 때문이다.

셀룰라아제 효소는 꽤 비싸기도 하고, 산업용 물질이기 때문에 대용량으로 판매한다. 하지만 나는 마침내 합리적인 가격에 200리터 미만을 판매하는 공급자의 웹사이트를 찾아냈다. 이 웹사이트에 따르면 이들은 공식 기관에 소속된 연구자들에게만 제공한다는 엄격한 지침을 두고 있다. 음, 나는 보기에 따라서는 연구자라고 할 수 있다. 내 연구 질문은 다소 관례를 벗어나 있고 아마 공급자가 요구하는 것과는 거리가 있을 것이다. 하지만 무엇이 연구인지를 판단하는 사람은 누구인가? 그리고 어쨌든 그저 연구를 하고 있다고 체크하고 길게 늘어선 목록에서 연구 기관의 이름과 직업을 선택하기만 하면 곧 배송된다.

＊ ＊ ＊

나는 염소 치는 사람들에게 연락을 하고, 알프스를 넘는 길을 확인하고, 실리콘으로 인공 반추위를 만들면서 본격적인 여행 준비에 들어갔다. 인공 반추위는 U자 형태의 가방으로, 풀을 씹어서 뱉어 넣는 관과, 바라건대 설탕 같은 맛이 나는, 효소로 분해된 물질을 빨아들이는 관이 달려 있다. 그리고 가운데에는 셀룰라아제 효소가 든 저장실이 있다.

일이 빨리 진행되기 시작했다. 히스 박사가 전화를 해서는 내 다리를 거의 완성했으니 마지막으로 착용해보러 오지 않겠느냐고 물었다. 나는 기차를 타고 달려갔다. 예상했던 것과는 달랐지만 두 팔을 밀어 넣었다. 앞다리는 단단했고, 뒤쪽의 족부 보장구는 기본적으로 웨지 힐처럼 보였는데, 실제로도 그냥 웨지 힐이라고 생각하면 될 것 같았다.

뒤에서 보면 여장을 즐기는 남자 같았고, 앞에서 보면 2차대전 직후의 수많은 상이용사 같았지만, 어쨌든 제 역할을 했다. 나는 멋지게 네발로 작업장을 쿵쿵거리며 돌아다닐 수 있었다! 손을 쓰지 않고서는 벗기가 꽤 어려웠는데, 그래서 히스 박사가 회의 때문에 자리를 비우게 되자 난 덫에 걸린 염소처럼 혼자 오도카니 있었다. 배가 고파오기 시작했고 조리대 위에 초콜릿 바가 있었는

멋진 다리!

데, 그것을 먹을 수 있는 유일한 방법은 포장지 한쪽 끝을 이빨로 물고는 정신없이 흔들어서 방 한가운데 내팽개치는 것뿐이었다. 바닥에 떨어진 초콜릿 바를 다시 집어 올리기 위해서 나는 손목을 굽히고 내 새 앞발을 바닥에 평평하게 놓은 뒤 입술로 초콜릿 바를 밀어서 내 이빨로 공격하기 좋은 위치로 바꿔놓았다. 물론 목이 조금만 더 길었더라면 더 쉬웠겠지만, 어쨌든 나는 그럭저럭 잘해냈다. 돌아온 히스 박사가 내가 그걸 먹어보겠다고 씨름하는 광경을 보더니 포장지가 하나도 벗겨지지 않은 채 반쯤 씹힌 초콜릿 바를 무심결에 바닥에서 집어서는 손수 내게 먹여주었다. 벌써 염소가 다 된 기분이었다.*

우리는 마지막으로 손볼 곳을 마무리했고, 나는 여행을 무사히 마치길 기원해준 히스 박사와 제프에게 감사 인사를 전했다.

"자기 손으로 무덤 파는 짓은 하지 말아요." 제프가 말했다.

* * *

출발 날짜가 다가오면서 나는 여장 남자보다는 다부지고 에너지가 넘치는 뒷발굽과 탄탄하게 받쳐주는 상의를 장착한 사람처

---

* 음매애애애애애애애애!

럼 보이려는 궁리로 늦은 밤까지 잠을 이루지 못했다. 어떤 날은
내가 알프스의 비바람 속에서 얼어 죽기를 바라지 않는다면, 어머
니가 내 염소 의상에 맞는 방수 코트 만드는 일을 도와주지 않을까
싶은 생각이 들었다. 반짝이는 분홍색 폴리에스테르로 된 첫 번째
코트는 여장을 한 남자 염소 같은 분위기를 돋우기만 했기 때문에
나는 어머니에게 좀 더 염소 같은 색으로 다시 만들어달라고 부탁
했다.

　셀룰라아제 효소가 든 병이 도착했고 표기된 저장 방식에 따
라 냉장고에 넣었다. 인간이 먹으면 안전하지 않다는 경고문이 적
혀 있었다. 그냥 조심하라는 게 아닐까, 궁금해진 나는 공급자에게
내가 하려는 일 중에 몇 가지만 언급하고 풀 등을 소화하려면 어
떤 종류의 농도를 권장하는지 물어보는 이메일을 급히 보냈다.

　얼마 뒤 나는 딱딱한 말투의 짧은 답장을 받았다. "어떤 경우
에도 당신이 제시한 것들을 시도하면 안 됩니다." 그리고 (자세히
설명하진 않았지만) 수많은 이유 때문에 내가 제안한 것들은 "상
당한 건강상의 위험"을 초래할 수도 있다고도 했다. 그리고 내가
정해진 포괄적인 건강 안전 규정이 있는 기관 관계자가 아니기 때
문에, 당장 "많은 물과 함께 배수구에 효소를 쏟아버리거나 화장
실 변기에 내려서 버려야 한다"고도 적고 있었다.

　다음 날 나는 웰컴 트러스트의 연락을 받았다. 효소 공급업체

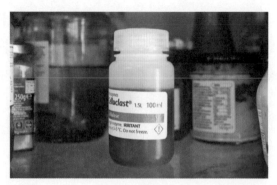

자극성 물질.

의 연락을 받고 몹시 우려하고 있었다. "트러스트는 당신이 분명
한 전문적인 안내를 거스르며 이런 행동을 할 경우 지원하지 않
을 것입니다." 게다가 이들은 공급업체가 전달해준 메일에서 내가
"신청서에 작성한 대로 코끼리가 아닌 염소"에 대해 이야기하고
있음을 지적했다. 그리고는 "이 이메일을 받는 즉시 상황을 분명
히 정리해서 알려주면 고맙겠다"고 끝을 맺었다.

　이들은 내게 모든 행동을 중단하고 회의에 참석해달라고 했다.

　아아, 네. 웰컴 트러스트는 내가 아직도 코끼리 프로젝트를 진
행 중이라고 생각했다. 내가 처음에 경험했던 염소 환상에 대해 이
야기하는 것을 깜박했던 것이다. 젠장. 알프스 여행을 불과 며칠
앞둔 상태에서 이건 나쁜 소식이었다. 어째서 내가 코끼리 프로젝
트에 돈을 주겠다고 사인한 사람들에게 염소 프로젝트로 계획이

바뀌었노라고, 어쨌든 아네테의 말이 정말로 맞는 것 같아 보여서 그랬노라고 말할 생각을 하지 못했는지 모르겠다. 어쩌면 허락을 구하기보다는 일을 저지르고 나서 사과하는 게 더 낫다는 베르너 헤어조크(독일의 영화감독─옮긴이)의 조언을 무의식중에 따르고 있었던 건지도.

나는 어째서 염소가 되는 일이 코끼리가 되는 것에 비해 예술적으로, 정신적으로, 지적으로 더 나은지를 정당화하기 위한 발표를 준비했다. 발표는 순조로운 것 같았지만, 확신을 하지 못한 웰컴 트러스트는 더 이상 코끼리와는 관련이 없어진 이 프로젝트와 계속해서 관계를 맺어도 될 것인지 위원회와 토론하는 동안 프로젝트를 유보하라고 했다.

아, 이런. 하필이면 이런 때에. 모든 걸 유보하는 것은 불가능했다. 뭐 이런 일이 다 있나 싶게도 나는 한 영상 매체 회사로부터 "세계적인 음료 브랜드를 위한 유튜브 영상을 제작하는 데 관심이 있는지" 물어보는 연락을 받았다. 인간의 존재론적 고통으로부터 휴가를 떠나기 위해 염소가 되려는 시도가 이들의 브랜드 가치에 부합할까? 그게 이 프로젝트를 마무리하는 것을 뜻한다면 나는 내 몸에 낙인을 찍을 수도 있다고 생각했다. 끔찍하게 아프긴 하겠지만 말이다.

하지만 친애하는 웰컴 트러스트가 다시 연락을 취해왔다. 그리고 그 골치 아픈 셀룰라아제 효소는 사용하지 말 것과 앞으로 근본적인 변화를 고려할 경우 제발 자신들에게 알려줄 것을 요구해왔다. 어쨌든 우린 다시 궤도에 올랐다.

셀룰라아제가 없다면 이제 풀을 어떻게 소화하지? 마지막 수단으로 나는 모닥불에서도 안전하게 사용할 수 있기를 빌며 군용 압력솥을 구입했다. 바이오 연료업계가 셀룰로오스를 분해하기 위해 개발한 방법을 조사하면서 '산성 가수분해와 함께 폭발적인 증기 처리'라는 과정에 대한 글을 읽은 적이 있었다. 이 방법은 고압 용기 안에 식물성 물질을 넣고 가열하다가 갑자기 압력을 낮추고서 희석한 산으로 가열하는 것이다. 이 방법은 만들어지는 당이 충분히 많지 않고 가열하려면 연료를 투입해야 하기 때문에 바이오 연료를 만들기에는 실용적인 방법이 아니었다. 내게도 역시 같은 이유에서 이상적인 방법이 아니었다. 나는 사면초가 상태였다. 나의 새 계획은 낮에 들판을 돌아다니면서 풀을 씹은 뒤 '반추위'에 뱉어놓았다가 밤에 폭발적인 증기 처리와 산성 가수분해를 이용해서 내가 소화시킬 수 있도록 모닥불에서 압력솥으로 처리하는 것이었다. 완벽하진 않았지만 나는 시몬에게 옷가지들로 압력솥을 싸서 가방에 넣도록 하고 함께 떠났다. 스위스의 알프스가 우리를 향해 손짓하고 있었다.

5

염소의 삶

—

GOAT LIFE

스위스, 볼펜쉬센, 반알프
(화창하지만 추운 날씨)

아아아아, 스위스. 부도덕한 금융 관행의 본고장이자 세계 최대의 입자 가속기 절반이 있는 곳, 〈사운드 오브 뮤직〉의 본 트랩 가족이 이사한 나라, 그리고 내가 이메일로 연락을 주고받았던 알프스 염소 농장이 있는 곳.

　내 계획은 염소로서 염소들과 함께 밖에서 어울려 다니면서 알프스를 넘기 전에 이들의 습성을 배워 웰컴 트러스트 지원금의 조건도 충족시키고 바라건대 관계도 좀 개선시켜보는 것이었다. 나는 알프스의 염소들이 가는 대로 가고 먹는 대로 먹으며 시간을 보내면서 내 본성에 외적인 변화뿐만 아니라 내적인 변화가 일어

유엔 세계 행복 보고서에 따르면 지구상 가장 행복한 나라 스위스.

나기를 간절히 원했다.

작은 고민이 있다면 염소 농장에서 묵기로 미리 주선을 해놓긴 했지만, 거기서 그러니까 네발짐승으로 만들어주는 의족을 착용하고서 염소들과 함께 어울리고 싶다는 말은 안 했다는 점이었다. 그곳에 묵기 위해 연락을 취하는 것도 언어 장벽 때문에 쉬운 일이 아니었다. 이들은 자신들의 영어가 형편없다고 말했지만 내 스위스어는 더 엉망이었다. 온라인 번역기를 돌리며 이메일을 주고받았지만 가끔 이상한 결과가 튀어나왔고, 그래서 나는 번역기에 "내가 당신의 농장에 가서 풀을 먹고 염소와 함께 잠을 자도 될까요?" 같은 문장을 넣고 돌리면 상황이 더 뒤죽박죽이 될까봐 걱정하지 않을 수 없었다.

런던 브리지에서 시몬과 사진을 찍어주러 온 팀을 만난 때는 아침 5시였다. 우리는 알프스 사면으로 올라가는 마지막 케이블카를 겨우 탔다. 알프스 염소 농장과 나 사이의 의사소통이 전체적으로 부실했음이 순식간에 자명해지고 있었다. 산 위에 있는 케이블카 정거장에 도착했지만 염소 농장은 코빼기도 보이지 않았다. 대신 산만 한참 더 뻗어 있었다. 구글 번역기에 따르면 염소 농장은 알프스 꼭대기에 있는데, 나는 케이블카를 타면 그 위까지 갈 수 있을 줄 알았던 것이다. 하지만 그게 아니었다. 우리는 걸을 수밖에 없었다. 안타깝게도 꼭대기에 도착할 수 있는 유일한 방법은 무시무시하게 가팔라 보이는 자갈길을 지그재그로 걷는 수밖에 없는 것 같았다. 아, 뭐 달리 별 뾰족한 수가 없으니. 산 위 아름다운 호수 곁의 댐을 지날 때 반대편에서 오는 한 남자를 만났다. 내가 느리고 시끄러운 영어로 이 길이 알프스 꼭대기에 있는 농장으로 가는 길이 맞느냐고 묻자 그는 우리 일행을 이상하다는 듯 쳐다보았다.

맞긴 한데, 그걸 가지고는 절대 거기 못 갈걸요, 바퀴 달린 내 커다란 여행용 가방을 가리키며 그가 말했다. 그건 내가 가진 가방 중에서 염소 다리를 넣을 수 있는 가장 작은 가방이었다. 시몬

스위스 남자는 여행용 가방을 들고는 등산을 할 수 없다며 단호하게 말했다.

과 팀에게는 장비와 음식, 옷가지가 든 커다란 배낭이 있었다. 그
는 농장으로 가는 길은 둘 중에서 선택할 수 있는데, 하나는 아주
길지만 완만한 편이고, 다른 하나는 더 짧지만 '암벽 등반가'에게
만 적당한 길이라고 했다. 그는 우리가 이 짐들을 가지고 가다가
죽거나 최소한 오밤중에 한복판에서 오도 가도 못하게 될 거라고
퍽 단호하게 말했다. 우리는 그와 함께 다시 작은 케이블카 정거장

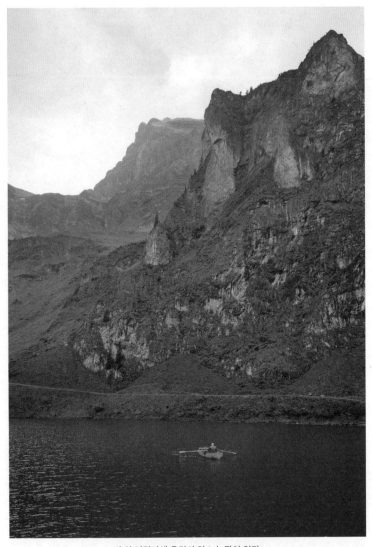

저 위 어딘가에 우리의 염소 농장이 있다.

짐을 싣고 있다.

으로 돌아왔다. 그가 타자 케이블카는 출발했고, 마지막 케이블카
가 내려가는 동안 우리는 알프스 중간에서 평화롭고 고요하게, 저
물어가는 빛을 오래도록 바라보았다.

이번에도 나는 내가 한심할 정도로 준비가 안 된 상태로 친구
시몬과 함께 산에 올라와 있음을 알게 되었다.

"그래, 방법이 없잖아. 우리 짐을 묻어버리고 어두워지기 전에
산을 올라가야 할 것 같아." 시몬이 투덜대기 시작했다. 내가 땅을

팔 만한 적당한 장소를 찾아 두리번거리고 있을 때 난데없이 모자를 쓴 아주 작은 또 다른 스위스 남자가 나타났다. 우리가 어떤 진퇴양난에 빠졌는지를 설명하자 그는 처음에는 이해하지 못한 것 같았다. 내가 탁월한 몸동작을 총동원한 뒤에야 상황을 이해한 남자는 유쾌한 미소를 지으며 호수에서 떨어진 곳에 숨어 있는 작은 길로 따라오라고 손짓했다. 길이 끝나는 곳에는 또 다른 케이블카가 있었다. 하지만 이번 케이블카는 금방이라도 망가질 것 같아 보였다. '카'는 뚜껑도 없이 나무로 된 여물통 같은 것이었고, 케이블은 산꼭대기를 향해 급경사로 뻗어 있었다. 그는 다시 미소를 짓더니 나를 가리키며 손가락을 흔들었고 우리 짐을 가리키며 고개를 끄덕이고 나서는 처음 나타날 때 그랬듯 홀연히 어두운 알프스 숲속으로 춤을 추듯 사라져버렸다.

우리는 짐을 여물통에 실어서 올려놓고 출발했다. 아무래도 짐차가 닿게 되는 꼭대기까지 어두워지기 전에 도착해야 할 것 같았다. 경고대로 우리는 가파른 자갈밭을 갈지자로 힘겹게 올라야 했지만, 한 시간쯤 뒤에 평평한 고원 지대에 도착해서 염소 농장이 틀림없는 세 동의 건물로 향했다.

언어 장벽 때문인지, 아니면 원래 그런 성격인지 염소 농장의 세 농부(세프와 그의 아내 리타, 그리고 이들의 일꾼)는 말수가 없는 사람들 같았다. 반대로 나는 별로 많은 정보를 전달하지도 못하

마침내 염소 농장이 보인다!

면서 긴장을 억누르지 못하고 이들 한 명 한 명에게 백 마디씩 주
절거리고 있었다. 내가 긴장한 이유는 어느 시점이 되면 가방에서
염소 옷을 꺼내 들고 우리가 여기에 방문한 목적을 설명해야 할
것이기 때문이었다. 이 농장은 알프스 등반객들에게 하룻밤 숙박
을 제공하는 곳이었고, 그렇지, 나 역시 마찬가지로 알프스에 걸으
러 온 것이긴 했지만, 농장의 염소들과 함께 네발로 걸을 계획이라
는 사실을 말해야 했다. 이 스위스 사람들이 관례를 벗어난 엉뚱한
행동에 얼마나 포용적인지는 알 수 없었다. 그리고 너무 정형화된
생각에 기대는 것일지도 모르겠지만, 시골 농부들이 현대 실험 디

자인 행위를 별로 좋아할 것 같지도 않았다.

　　나는 세프에게 우리가 산 중간쯤에서 가방을 구유에 넣었다고 알렸다. 세프는 고갯짓으로 알았다고 대답하더니 농가 안으로 사라져버렸고, 우리는 그냥 할 일 없이 어슬렁거렸다. 아름다운 곳이었다. 농장 뒤로 우뚝 솟은 험준한 산과 계곡을 향해 깎아지른 아찔한 낭떠러지 사이에 위치한 풀로 뒤덮인 고원이었다. 하지만 염소는 코빼기도 보이지 않았다.

　　어딘가에서 털털거리며 엔진에 시동을 거는 소리가 들렸고, 짐차의 커다란 바퀴들이 케이블을 끌기 시작하더니 우리 짐이 담긴 구유가 산을 올라왔다. 짐이 꼭대기에 이를 때쯤에 세프가 나타났고, 짐을 내리는 동안 나는 염소들이 어디 있는지 물었다. 그는 커다란 헛간을 향해 고개를 까딱했다.

　　"멋진데요." 내가 말했다. "그러니까 밤에는 저 안에 염소를 넣어두는 거군요?"

　　그가 고개를 끄덕였다.

　　"그럼 저희는 어디서 자나요?"

　　그가 커다란 헛간을 향해 고개를 까딱했다.

　　"완벽한걸." 이렇게 말하며 우리는 세프를 따라 헛간으로 들어갔다. 숙소는 염소들이 있는 1층 위에 만들어진 2층이었고(일종의 건초 보관소라고 짐작되었다) 헛간 속은 염소의 딸랑이는 방울 소리와 지독한 냄새로 가득했다. 우리는 자리를 잡고 난 뒤 저녁 식사에 대해 생각하기 시작했다. 팀과 시몬은 풀을 먹을 생각이 눈곱만큼도 없었고, 난, 음, 나는 아직은 염소가 아니었다. 세프는 농가 옆에 지붕을 얹은 작은 구역에서 불을 피웠고, 우리는 그리로 다가갔다.

"와, 나무 장작을 때는 제빵용 오븐이네요! 똑똑한데요, 세프! 우리가 좀 끼어도 되겠어요? 뭘 좀 만들어 먹을까 하는데. 멋져요, 감사해요……. 그러니까 날씨 참 좋죠? 아니라고요? 여름 내내 비가 왔어요? 아, 이런. 좀 추운 거 같아요. 얼어 죽겠다고요? 맞아요, 제 말이 그 말이에요. 그래서 염소들이 헛간에 있는 거죠? 맞아요, 그렇게 생각했다니까요. 내일은 염소를 풀어놓고 알프스 산을 여기저기 쏘다니게 할 거죠? 아니라고요? 이런."

세프는 이곳 산 위는 너무 추워지고 있고, 풀도 점점 고르지 않은 상태가 되고 있으며, 곧 눈도 올 거라서 내일은 따뜻한 여름 몇 달간 방목시켰던 알프스 고원 초지대에서 염소들을 몰고 아래쪽으로 내려가 계곡에서 겨울을 나게 할 거라고 설명했다. 이 같은 이동은 약 5,000년 동안 알프스에서 가축들을 방목하는 전통적인 방식이었다.

옳다구나. 나는 세프가 몰고 가는 염소 무리에 끼어도 될지 물어봐야 했다. 함께 바비큐를 즐기고 있는 남자에게 묻기에는 살짝

딸랑거리는 소리를 내는 냄새 나는 룸메이트들.

우리의 주인장 셰프가 제빵용 오븐에 불을 피우고 있다.

불편한 질문이긴 했지만 말이다.

"염소 대이동이라니 정말 재미있을 것 같네요, 세프. 우리가 따라가면 안 될까요? 우리만 좋다면 상관없다고요? 잘됐네요. 그리고 사실 말이에요, 세프, 제가 어떤 프로젝트를 하고 있어요. 음, 제가 염소 무리에 끼거나 할 수 있으면 좋을 것 같아요. 네발 같은 걸로 말이에요……. 당신 염소 중 하나가 되면 좋겠다는 거죠. 제 말 이해하시겠어요?"

나는 세프가 속을 잘 드러내지 않는 사람이라는 것을 알아차렸다. 그는 그저 내 말을 확인하기 위해 두어 가지 질문을 던지고 난 뒤 자세를 바꾸고는 턱수염을 만지며 제빵용 오븐이 충분히 덥혀지기를 기다리듯 생각에 잠겨 앉아 있었다.

"우린 일찍 출발해요." 그가 말했다.

"좋아요. 잘됐어요!" 내가 말했다. "몇 시에요?"

"4시."

"괜찮아요, 좋아요, 아주 좋아요."

"우린……빨리 가요." 그가 말했다.

"네, 그거 좋네요. 우리도 속도를 맞출 수 있게 노력할게요!"

"우린……빨리 내려가요." 그가 팔을 굽혔다.

"가팔라요? 맞아요. 올라올 때도 완전 가팔랐어요. 최선을 다해서 속도를 맞춰야겠네요. 혹시 제가 못 따라가면, 그거야 뭐 제

문제죠, 셰프, 당신은 우리에 대해선 전혀 신경 쓰지 않아도 될 거
예요."

"알았어요." 셰프가 말했다. 그는 우리에게 잘 자라고 하더니
들어가서 농장 일꾼에게 이제 오븐이 충분히 뜨거워졌다고 전했
다. 이제 모든 게 다 됐다. 준비는 끝났다.

* * *

우리는 동이 트기 전에 일어났다. 아직 어두웠지만 우리와 같
은 헛간에 있는 염소들도 깨어났다. 얼어 죽을 것 같은 밤이 되자
잦아들었던 방울 소리가 다시 딸랑거리기 시작했다. 염소들은 점
점 들썩거렸다.

셰프가 일어나 움직이는 소리도 들을 수 있었다. 뭘 하는 건가
밖에 나가보니 그는 염소 젖을 짜고 나서 출발한다고 말했다. 그러
더니 헛간으로 사라져버렸다.

셰프와 리타에겐 육십 마리쯤 되는 공작 염소가 있었다(하지
만 공작하고 어디가 닮았다는 건지 이해할 수 없었다). 셰프가 모
든 염소의 젖을 짜는 데 시간이 얼마나 걸릴지 궁금했다. 헛간을
기웃거려보니 그는 염소들을 아침밥으로 유혹해서 특수한 울타리
사이로 머리를 내밀게 한 채 줄을 세우고 있었다. 발전기에 시동이

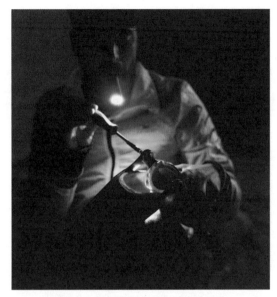

동이 트기 전에 내 염소 다리를 조립하고 있다.

남자, 기계, 그리고 염소.

걸리자 헛간 안의 침침한 새벽빛이 화사한 형광 불빛으로 바뀌었
고, 일종의 초현실적인 화려함 속에 1960년대의 감상적인 인기 팝
송 〈베이비 러브〉가 스피커에서 흘러나오기 시작했다. 염소들은
"오오-아-오오, 베이비 러브, 마이 베이비 러브" 따위의 소리가
비위를 맞춰주는 가운데 찹찹대며 만찬을 즐겼다. 세프와 농장 일
꾼은 차례차례 염소의 젖에 착유기를 부착해가며 한 줄 한 줄 움
직였다. 입이 근질근질해진 시몬은 세프가 내 젖꼭지에도 착유기
를 부착해야 한다며 너스레를 떨었다. 나는 아직 젖을 짤 준비가
되어 있지 않았다. (그리고 그런 일이 어떻게 가능하겠는가? 이 질
문은 여기서 더 캐지 않는 것이 좋겠다.) 그보다는 이제 염소로 변
신하는 게 나을 것 같았다. 세프와 농장 일꾼, 그리고 염소들은 착
유기에 익숙해서 끝내는 데 시간이 얼마 걸리지 않을 듯 보였다.

    나는 부리나케 염소 옷을 입었다. 제일 먼저 가슴 보호대를 착
용하고 그 다음에 나의 '지연 작용 인공 반추위'를 매달고, 어머니
가 만들어주신 방수 코트를 입고, 에너지를 북돋아주는 뒷다리와
안전 헬멧을 착용하고, 마지막으로 인공 앞다리를 끼웠다.

    애초에 내가 생각했던 변신 수트는 이게 전부가 아니었다. 결
국 끝까지 만들지 못한 물건이 몇 가지 있었는데, 그중 가장 아쉬
운 건 염소 눈이었다. 나는 내 눈을 어떻게 머리 옆으로 옮겨서 염
소처럼 시야의 범위를 넓힐지에 대해 광학 기사와 몇 차례 자세히

의견을 교환했지만, 필요한 방식대로 빛을 굴절시키는 일은 만만 찮은 문제였다. 해법은 광각 카메라가 연결된 비디오 고글을 쓰는 것인데 그러려면 충전지가 필요했고(하지만 난 그렇게 하고 싶진 않았다), 유리 프리즘과 렌즈로 된 장비를 만드는 방식도 있었지 만 염소처럼 320도 시계를 확보하려면 터무니없이 커져야 했다. 탱크용 고급 잠망경 제조업체에서 이보다 작은 프리즘 장비를 구 할 수는 있었지만, 내가 무기업계 종사자가 아니다보니 이들은 고 급 군사 하드웨어 판매에 대한 엄격한 국제법을 들먹이며 장비를 팔려 하지 않았다. 사실 나는 염소 눈을 본뜬 장비를 더 알아볼 필 요가 없어서 기뻤다. 네발로 위험한 산악 지대를 걸어 다니면서 시 야까지 방해받는 것은 정말 바람직하지 않다고 느꼈기 때문이다.

나는 분명 의수족 클리닉에서도 엄청나게 걸어보았고 집에서 도 쿵쾅거리면서 네발짐승이 되는 연습을 마친 상태였다. 그러나 전의 장소는 평평하고 고른, 익히 잘 아는 곳이었다면 알프스는 그 어디도 절대 고르지 않았다. 염소로 변신을 마치고 높은 콘크리트 우리에서 내려온 나는 네발로 언덕을 내려가기가 지극히 어려운 일이라는 것을 단박에 절감했다. 아주 살짝만 아래로 경사가 져도 힘이 들었다. 나는 헛간으로 이어지는 경사로에서 나자빠졌다. 긴 장과 공포에 벌벌 떠는 내 앞발이 축축한 돌 위에서 미끄러져버린 것이다. 염소인간이 되어 걷는 이 짧은 시연을 지켜본 리타가 농가

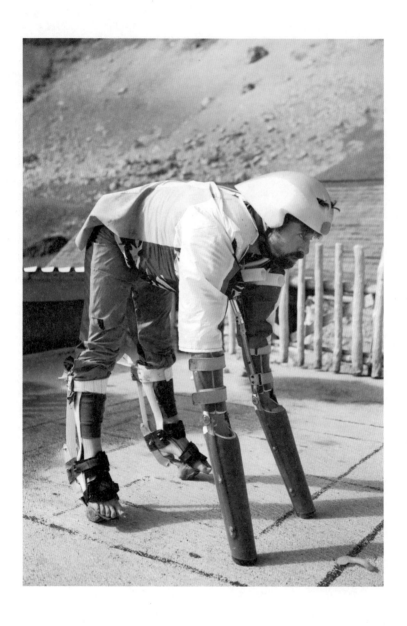

에서 나왔다. 어떤 영국 남자가 알프스 염소가 되는 게 얼마나 어려운지를 확인해가는, (정직하게 말해서) 완전 어처구니없는 이 광경을 보고 희희낙락하는 기운이 역력했다.

"아주 좋아요. 하, 하, 하, 호, 호, 호. 그렇지만 염소들은 빨라요, 토머스. 쉬면 안 돼요. 이제 가세요, 그러면 염소들이 따라갈 거예요. 염소들은 돌투성이 길에서는 아주 빨리 내려가요. 엄청 흥분해서는 말이죠. 그 길에 접어들면 당신한테는 위험할지도 모르겠네요. 당신은 호수 쪽으로 가세요. 거기가 평평해요."

그렇다면, 좋다. 먼저 출발해야지. 나는 길을 떠났다. 하지만, 예수님, 너무 힘들었다. 농장 주위는 파도처럼 굽이치는 고원이었다. 평평하거나 살짝 오르막인 땅에서는 대단히 불편하긴 해도 어쨌든 걸을 수는 있었지만, 더 낮은 목초지로 이어지는 내리막에서는 어떻게도 할 수가 없었다. 그리고 아주 살짝만 내리막이어도 팔에 온 힘을 주어야 했다. 히스 박사와 제프는 평지에서 내 몸무게의 60퍼센트 정도가 앞다리에 실리도록 의족을 만들었지만, 내리막에서는 더 많은 무게가 앞쪽으로 쏠렸다. 그리고 한 걸음 앞으로 나가기 위해 땅에서 한쪽 앞다리를 들어 올린다는 말은 모든 무게가 반대쪽 팔에 쏠린다는 뜻이었다. 사실상 내리막길에서 한 팔로 팔굽혀펴기를 하는 것과 마찬가지였다. 분명 내 여자 친구도 내가 황소만큼 튼튼하다는 것을 증명해주리라고 생각하지만, 산 아래

로 내려가는 길에 오르막이 상당히 많지 않고서야 이 정도 튼튼해
선 어림도 없다는 사실을 깨닫게 되었다.

리타가 소리쳤다(그렇게까지 소리를 칠 필요도 없는데 말이
다. 다리 사이로 뒤를 보니 나는 농장에서 우울할 정도로 조금밖에
걸어오지 못한 상태였다). "토머스! 당신 너무 느려요! 호수로 내
려가요! 염소들이 오기 전에 그 경사로에서 멀어져야 해요!"

리타가 말한 길은 우리가 전날 짐을 갖고 절대 가지 말라는
경고를 들었던 바로 그 길이었다. 자갈과 조금만 건드려도 움직이
는 바위로 이루어진 가파른 갈지자 길이었고 중간에는 하천 혹은
폭포가 쏟아져 내리고 있었다.

오, 사랑하는 예수님. 나는 이미 땀투성이였고 손목 관절은 히
스 박사의 특수 완충 실리콘 젤로 감싸여 있는데도 아파왔다. 나는
리타의 충고를 따라서 염소들이 내려오기 전에 좁은 갈지자길 끝
까지 가기로 결심했다. 흥분한 염소 떼를 방해하고 싶은 마음은 추
호도 없었다. 그래서 나는 새로운 종류의, 두 발에 가깝거나 또는
세 발로 걷는 걸음걸이를 발명했다. 앞으로 갈 때는 두 다리를 쓰
고 경사로에서는 안정성을 위해 세 번째 다리를 추가했다가 힘들
면 네 개의 다리로 옆으로 걷기도 하면서 뒤로 갔다 앞으로 갔다
하는 방식으로 그 무시무시한 길을 간신히 내려왔다. 내가 길 끝의
호수에 거의 닿을 무렵 위에서 리타의 외침이 골짜기 전체에 메아

리쳤다. "염소들이 와요!"

　뒤를 돌아 경사로를 올려다봤다. 흥분한 염소들이 줄지어 선 앞에 세프와 농장 일꾼이 있었다. 맨 위에 있는 다리의 병목을 지나서 더 이상 걸리적거리는 게 없자 무리는 마치 산기슭을 따라 흘러내리는 하천처럼 거의 흐르듯 내려왔다. 가만히 구경만 하고 있을 수 없게 된 나는 경사로의 끝부분에 가서 네다리가 허락하는 한 빨리 호수 쪽으로 방향을 잡았다. 하지만 그다지 빠르진 못했다. 얼마 못 가 그렇게 섞이기를 바라 마지않던 염소 떼의 첫 염소

가 내 옆을 지나가려고 잠시 멈춰 섰다가 천천히 총총걸음으로 가
버렸다. 두 번째 염소는 빠르게 총총걸음으로 지나갔고, 세 번째
염소와 네 번째 염소가 그 뒤를 잇더니 농장 일꾼이 막대기를 휘
두르며 큰소리로 "춤 제체! 춤 제체!" 외치면서 우리 염소들의 사
기를 북돋우며 성큼성큼 지나갔다.

　나에 대한 나머지 염소들의 반응은 전혀 내 사기를 북돋지 못
했다. 내가 덜컹덜컹 씩씩 헐떡거리는 동안 내 뒤에 몰려 있던 염
소들은 앞지르고 싶은 기색이 역력했다. 염소들이 내 옆을 통과하
는 빈도가 늘어났다. 나는 아직도 몸을 세우기 위해 필사적으로 노
력하면서 계속 헛발을 짚고 있었고, 총총걸음을 시도했다가 넘어
져서 자갈밭에 얼굴을 박는 일만 간신히 모면하기도 했다. 땅바닥
에 얼굴을 갈지 않으려는 뿌리 깊은 본능 때문에 이미 두 앞다리
를 찍찍이로 팔뚝에 고정시켜놓은 상태였다는 점을 감안하면, 이
것은 대단히 나쁜 신호였다.

　염소 떼의 본대가 무리 지어 지나갔고 몇 마리의 낙오자가 그
뒤를 잇고 난 뒤 맨 뒤에서 따라오던 세프 씨가 나타났다.

　"너 어무 느리잖아요." 그는 터벅터벅 걸어가며 느리게 말했다.
땀방울이 내 코끝에서 똑똑 떨어지고 있었다. 팔에서는 불이 날 것
같았고 손목 관절은 아예 감각이 없었지만, 나는 거기에 아예 피
부가 없다고 상상했다. 그저 마지막 몇 마리 염소들이 호숫가 끝

에 있는 길을 따라 터벅터벅 걸어가다가 흙 댐의 제방을 지나 영
영 사라져버리는 모습을 지켜보는 것 말고는 달리 할 수 있는 일
이 없었다.

몇 미터쯤 더 사력을 다해봤지만 의미 없는 짓임을 알고 있었
다. 염소 떼의 음매 소리가 귓전에서 점점 멀어지고 있었고, 이제
난 높은 산 위에 남은 유일한, 외로운 염소였다. 허친슨 교수와 히
스 박사, 제프의 모든 걱정들이 떠오르면서 가슴이 아파왔다. 나는
어쩌면 750미터 동안은 진짜 염소들과 간신히 엇비슷했다……아
니 1킬로미터라고 해두자. 썩 훌륭하진 않았지만, 빠르게 총총거
리며 움직이는 흥분한 염소들 틈에서 1킬로미터를 한 팔로 푸쉬
업 하며 전진해보지 않았다면, 그렇다면 친애하는 독자들이여, 난
여러분들이 나를 비난할 입장은 못 된다고 생각한다. 내 말이 방어
적으로 들린다면, 글쎄, 그건 내가 워낙 낙심했기 때문이다. 나는
잠시 무리의 일원이 되어 이동하고 있다는 데 환희를 느꼈지만 그
순간은 너무도 빨리 지나가버렸다.

주위에서 염소를 한 마리도 볼 수 없게 되자 나는 대단히 염소
같지 않은 짓을 했다. 바위에 자리를 잡고 앉아 이 상황에 대한 사
색에 들어간 것이었다.

달리 방법이 없는 것은 분명했다. 나는 그저 천천히 겨울철 목
초지를 향해서 산을 내려가야 할 것이었다.

총총거리는 염소들과 보조를 맞추려고 애쓰지 않고 천천히 걸
어서 움직인다는 생각에 나는 조금 안도감을 느꼈다. 나는 느리지
만 꾸준히 움직여 호수 옆에 있는 길을 따라 몇 킬로미터쯤 걸어
간 뒤 긴 흙댐을 건넜고, 아래쪽 계곡을 향해 있는 길을 따라 내려
가기 시작했다.

* * *

몇 시간 뒤 계곡 아래 도착했다. 시야에는 내가 바라던 대로
외딴 농가를 둘러싼 풀밭에서 만족스럽게 풀을 뜯고 있는 나의 염
소 떼가 들어왔다. 자신의 가축들을 겁먹게 하려는 흑심을 품은 이
상한 염소인간 괴물로 오해한 어떤 스위스 농부의 총에 맞지 않으
려면 우선 농가에 가서 정중하게 물어보는 것이 최선이라고 생각
했다. 문을 열어준 사람은 농부인 토마스였지만, 거기에는 우리를
보고 까무러칠 것처럼 놀라는 세프도 있었다. 나는 염소 떼에 다시
끼고 싶다고 말했다. 세프는 토마스의 의향을 물었다. "여기 내려
와서는 이 사람 염소예요."

"하고 싶은 대로 하세요." 토마스가 말했다.

전기 울타리에 대한 협상을 하고 난 뒤 나는 비탈진 새 목초지
에서 다시 염소 떼에 합류할 수 있었다. 새 목초지는 모든 염소들

내 짧은 목이 다시 나를 괴롭힌다.

의 염원인 신선한 녹색 풀로 뒤덮여 있었다. 그래서 친애하는 독자
들이여, 나는 마침내 염소의 삶을 살게 되었다.

　아아아, 염소의 삶. 그것은 풀밭으로 걸어가 5분 정도 먹는 행
위로 이루어져 있었다. 그런 다음 다른 풀밭으로 가서 먹고, 다시
다른 데로 가서 먹고. 나는 여러 풀 종류의 미묘한 차이를 배우기
시작했다. 청록색 풀은 쓴 맛이 났지만 짙은 초록색 풀은 달고 훨
씬 먹을 만했다.

　씹고, 씹고, 씹고. 그런 다음에 씹은 풀을 내 몸통에 끈으로 매
달아놓은 인공 반추위 가방에 달린 관에 뱉어 넣는다. 그리고 새
풀밭으로 걸어간다. 예상대로 나는 불편할 정도로 목이 짧았기 때

문에 입을 풀에 가져다 대기가 조금 어려웠다. 그래서 나는 기본
자세로 앞다리를 내려놓은 다음 유난히 푸른 풀밭에 얼굴을 파묻
고는 최대한 입에 들어갈 만큼 풀을 뜯은 뒤 다시 앞다리로 서서
씹고는 반추위에 뱉어 넣는 방법을 개발했다.

　그리고 나는 오르막길에서는 최소한 내가 염소가 되는 데 상
당히 재능이 있다는 사실도 알게 되었다. 그렇다, 나는 오르막만
올라갈 수 있는 대단히 기이한 동물이었던 것이다. 이제 나는 덜컹
덜컹 씩씩 헐떡대지 않고 염소라면 마땅히 그래야 하듯 고요하게
거닐면서 풀을 뜯고 있었기 때문에, 동료 염소들도 훨씬 우호적으
로 바뀌었다. 심지어 호기심을 보이기까지 했다. 나는 염소들이 나
를 어떻게 생각할지 궁금했다. 몇 마리는 내게 다가와서 얼굴에 대
고 코를 쿵쿵대며 확인하기도 했다. 나는 염소의 숨결에 실린 강력
한 냄새에 대한 인간 본연의 반감을 억누르면서 같이 쿵쿵대려 노
력했다. 그 냄새는 농부의 정제한 저장용 풀에서 나는 냄새처럼 풀
을 발효시키는 깊은 악취 같은 거였다. 몇 마리는 처음에 약간 겁
먹은 듯싶더니 자기들처럼 풀을 좋아하는 모습을 보고는 나를 더
이상 피하지 않았다. 그리고 특히 한 마리, 18번 염소는 하루 중 가
장 많은 시간을 함께 돌아다닌 것 같다. 착한 염소였다. 나는 18번
염소가 다른 풀밭으로 옮기면 따라갔고, 마찬가지로 내가 옮기면
이 염소도 가까이서 따라왔다.

하지만 오르막길만 좋아하다보니 결국 나는 염소 떼 한가운데
서 벗어나 가장 높은 곳에 오른 염소가 되어버렸다. 풀을 뜯다가
문득 고개를 들게 된 나는 염소 떼 전체가 날 쳐다보고 있는 걸 깨
달았다. 갑자기 정적이 찾아왔고 모든 염소가 씹는 행동을 멈췄다.

그건 마치 신참내기가 어떤 도발적인 행동, 기성의 체제를 위
협하는 어떤 짓을 해서 술집 전체가 갑자기 정적에 휩싸인 서부
영화의 한 장면 같았다. 나는 염소들을 바라봤고, 다른 모든 염소
들도 나를 바라보았다. 그러다가 약간 불편한 기분이 들기 시작했

다. 이들의 뿔이 사실 꽤 뾰족하고 몇 마리는 나만큼 컸을 뿐만 아
니라, 나는 염소들이 나보다 훨씬 힘이 세고 민첩하다는 사실도 아
주 잘 알게 되었기 때문이다.

이제까지는 모든 것이 아주 순조로웠지만 어쩌면 내가 무심코
염소들에게 실례가 되는 행동을 저지른 것인지도 몰랐다. 무리에
서 가장 높은 곳에 있다는 건 지배자가 되겠다는 뜻일 수 있다는
글을 읽은 기억이 떠올랐다. 어쩌면 내가 알지도 못하는 사이 지배
의 위계질서에 도전한 것인지도 모른다는 생각이 들었다. 이크.

이런 말은 조금 부끄럽지만 나는 만약에 싸움이 붙는다면 내
인공 앞다리로 꽤 괜찮은 라이트 훅을 날릴 수 있을 것 같았다. 내
가 "부끄럽다"고 말하는 건 염소들은 복싱을 하지 않기 때문이다.
머리로 들이받는 거라면 몰라도. 염소처럼 싸워서 서열에서 맨 밑
바닥 자리를 차지하는 것과 치사하게 싸워서 좀 더 높은 자리를
차지하는 것 가운데 선택을 한다면 난 후자에 대비할 인간이다.

어떤 경우였든 일이 그렇게까지 번지지는 않았다. 갑자기 끼
어들어서 분위기를 흩뜨려놓은 건 18번 염소였다고 생각한다. 이
염소는 무리 한가운데로 그냥 걸어 들어와 헤집고 다니면서 나와
염소들 간의 교착 상태를 무너뜨려놓았다. 다른 염소들은 18번 염
소의 행동을 따라 하기 시작했고, 무리 안에서 뚜렷하게 감지되던
긴장은 스르르 해소되었다. 우리는 다시 어슬렁거리며 풀을 뜯었

고, 모두 산등성이에서 유유자적했다.

* * *

그리고 그 다음 주도 그렇게 보낼 수 있을 것 같았다……. 하지만 하루가 저물 무렵부터 비가 내리기 시작했다. 어머니가 만들어주신 방수 코트가 잠깐은 효과가 있었지만, 하루 종일 사투를 벌이며 땀을 흘렸던 터라 난 이미 젖어버렸고 오래지 않아 몸이 떨려오기 시작했다. 그리고 그토록 풀을 씹어댔는데도 배가 고프기 시작했고 발도 차가웠다. 기온이 영하로 내려가는 밤에 들판에서 지낼 수 있는 가능성은 벌써 대단히 재미없어 보이기 시작했다. 나는 따뜻하고 기분 좋은 불을 피우면 얼마나 좋을까 생각했다.

* * *

나는 하루 동안 이제까지 살면서 먹었던 것보다 더 많은 풀을 먹었다. 그것을 내 인공 반추위 가방에 다 뱉어내긴 했지만, 씹는 동안 어쩔 수 없이 일부를 먹을 수밖에 없었다. 풀 맛은 꽤 좋았지만, 염소의 반추위에 있는 놀라운 내부 박테리아 사육장이 없기 때문에 먹은 풀에서 영양은 거의 얻지 못했다. 이제 압력솥을 꺼낼 때가 되었다.

우리는 마땅한 자리를 물색했고, 나는 다시 인간의 손으로 돌
아와 인간용 모닥불을 피웠다. 내가 읽은 모든 자료에서는 가열이
고르게 되지 않으면 폭발의 위험이 있기 때문에 압력솥을 모닥불
위에 얹지 말라고 했지만, 이쯤 되자 나는 보이는 게 없었다. 반추
위 가방에서 씹은 풀을 모두 꺼내 솥에 넣고 뚜껑을 돌려 닫은 뒤
불 위에 잘 고정시키고 물러나 서 있었다.

얼마 지나지 않아 압력솥 밸브에 달린 작은 추가 수증기 때문
에 밀려 올라갔다. 솥 안의 압력이 올라갔다는 뜻이었다. 폭발적
인 증기 처리 방식의 설명서에는 셀룰로오스 분자가 만들어낸 섬
유 구조를 해체하려면 갑작스런 압력 변화가 있어야 하고, 그래야
산이 섬유 구조를 당으로 분해할 수 있다고 했다. 조심조심 뚜껑을
조이고 있는 손잡이를 풀면서 이 경우에는 폭발이라는 표현이 뜻
과는 다르기를 소망했다. 압력을 풀어내자 증기가 휘익 소리를 내
며 빠져나왔다. 안에는 밑이 살짝 탄 풀죽 같은 것이 있었다. 그다
지 구미가 당기는 모양새는 아니었다. 난 (바라건대) 부분적으로
분해된 섬유질의 풀에 약간의 아세트산(식초)을 추가하고 이 산
이 셀룰로오스를 에너지의 원천인 사랑스러운 당으로 가수분해할
수 있도록 압력솥을 다시 불 위에 올렸다. 몇 분이 더 지나자 이제
먹을 때가 되었다고 판단했다. 그런데 내가 먹으려는 것은 정확히

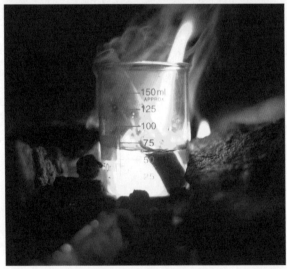

탁한 오렌지색은 당이 들어 있다는 뜻이다.

맛있겠다!

뭐지? 소화가 불가능한 섬유질일까, 아니면 맛있는 당일까?

나는 베네딕트의 시약이라고 하는 화학 물질을 들고 왔는데, 용액 안에 당이 있는지를 간단히 테스트할 때 쓰는 거였다. 기본적으로 테스트하고 싶은 용액의 샘플에 몇 방울 떨어뜨리고 난 뒤 끓였을 때 오렌지색이 되면 설탕이 있다는 뜻이었다. 이제 모닥불에서 화학 실험을 해볼 차례다.

풀죽을 실험용 관에 조금 넣고 베네딕트 시약을 추가한 뒤 남아 있는 모닥불에서 중탕으로 가열했다. 이미 사위는 어두워져 있었지만, 손전등을 비춰 샘플이 오렌지색으로 바뀐 것을 확인할 수 있었다! 아, 엄밀히 말하면 탁한 갈색이었지만, 전보다는 더 오렌지색에 가까워진 게 분명했다. 그 안에는 최소한 어느 정도의 당이 있는 것도 확실했다! 당은 에너지를 의미한다!

나는 내 인생에서 구미가 가장 당기지 않은 식사였던 반쯤 탄 풀죽을 입안에 쑤셔 넣었다. 특별히 단맛은 없었다. 특별히 영양가가 있을 것 같지도 않았다. 나는 염소식 식사법의 잠재력에 대해서 곰곰이 생각하다 이것은 끔찍하게 맛이 없다는 결론에 도달했다.

* * *

우리가 산꼭대기에 있는 농장에 돌아오자 리타가 농가의 저녁 식사에 우리를 초대했다. 그렇게 기쁠 수가 없었다. 농가 안은 아주 아늑하고 기분 좋은 곳이었다. 우리는 리타가 큰 냄비에 끓인 염소 스튜를 빵과 염소 치즈를 곁들여 먹었다. 나는 동족의 고기를 마음껏 즐겼다. 충격적인 일이긴 했지만, 하루 동안 풀만 먹고 나니 참 맛있었다. 이래도 되나, 하지만 맛있는데. 그렇지만, 아, 이건 너무하잖아. 그렇지만 정말, 정말 맛있다.

세프와 리타는 이날 벌어진 일들의 목적에 대해 당연한 호기심을 드러냈다. 나는 처음부터 끝까지 설명하면서 이 일이 인간으로서의 근심에서 벗어나고 싶다는 생각에서 출발했다고 이야기했다.

"당신은 도시 출신이잖아요." 세프가 말했다. "그래서 당신이 미친 거예요. 여기 산 위에선 그런 미친 생각이 필요하지 않을걸요."

이들은 몇 달째 산 아래 있는 마을에 내려가지 않은 상태였다. 조만간 리타는 직접 만든 염소 치즈를 팔러 가긴 해야 하지만 말이다. 리타는 그 일을 그다지 학수고대하지 않았다. 나는 세프가 무슨 말을 하는지 이해할 수 있었다. 염소가 된다는 것이 단순한 삶을 사는 것을 뜻한다면, 음, 염소가 되기보다 염소 치는 농부가 되는 쪽이 더 간단할지도 몰랐다.

"그럼 이제 어디로 가나요?"

"음, 알프스를 넘어보려고요."

"아! 당신이 아이벡스인 줄 아는 모양이네요."

나는 아이벡스를 본 적이 있는지 물어보았다. 세프는 무수히 많이 봤다고 했다. 아이벡스는 폭설이 내리는 겨울철에도 이 높은 곳에서 생존할 수 있는 놀라운 동물이다. 세프는 가끔 아이벡스가 산에서 내려와 염소들에게 접근하여 새끼를 치기도 한다고 이야기했다. 하지만 그 새끼는—.

"당신은 새끼들을 만질 수도 없어요. 울타리란 울타리는 다 뛰어넘어요."

세프는 내게 고무적인 이야기를 들려주었다. 골짜기에 있는 염소 주인 토마스하고 이야기를 나눴는데, 자신의 들판에서 내가 돌아다니는 걸 지켜봤다고 하더란다. "토마스 말이 염소 떼가 당신을 받아들였대요."

"정말요? 그러게……, 저도 그런 것 같았어요."

"네, 토마스가 당신을 봤는데, 당신이 염소한테 받아들여졌더 래요."

그래, 어쩌면 잠시 동안 염소들은 날 염소로 생각했고, 나도 스스로를 염소로 생각했는지도 모른다. 잠깐일지는 모르지만 말이다.

* * *

우리는 그 농장에서 사흘을 보냈다. 나는 험한 지형에서 다리를 어떻게 움직여야 하는지, 그리고 염소들이 자기 다리도 쳐다보지 않고 어떻게 그렇게 잘 움직일 수 있는지에 대해 많이 배울 수 있었고 내리막길을 가는 것도 살짝 더 나아졌지만, 아이벡스 같은 심신을 갖추고 알프스를 넘기 위해 출발할 때가 다가왔다. 우리가 출발 준비를 하자 셰프는 가지고 있던 염소 방울 하나를 내 목에 매달아주었다. 나는 염소 떼와 염소지기에게 받아들여졌다는 기분에 휩싸였지만, 이제 떠날 시간이었다. 내게는 지켜야 할 약속이 있었다. 인간으로서 했던 약속을, 염소가 되어 지키게 되었다. 우린 산속으로 떠났다……. 그리고 친애하는 독자들이여, 나를 용서해주길. 얼마 안 가 다리가 나타났고 나는 이 다리를 통해 현실 세계에서 환상 속으로 또각또각 걸어 들어갔다. 우리의 여정은 많은

세프가 내 목에 염소 방울을 채워주고 있다. 나는 이제 세프의 염소 중 하나가 되었다.

시도와 난관들로 험난했다. 나는 풀을 아주 맛있게 먹었다.

위로 계속 올라갔더니 마침내 빙하가 나타났다. 빙하 꼭대기는 스위스와 이탈리아의 경계였다. 빙하를 넘는다는 것은 우리가 알프스를 다 넘었다는 뜻이고, 그러면 이탈리아 쪽으로 가는 내리막길만 남게 되는 거였다.

한 남자가 하늘에서 내려와서는 내게 뭐하느냐고 물었다. 나는 말했다. "어떤 사람은 새가 되는 꿈을 꾸죠. 저는 염소가 되는 꿈을 꾼답니다."

"아, 멋진걸요!" 그가 말했다. 나는 오르고 또 올랐다. 우리가 성공했을까?

거의 그랬다고 봐야겠지. (끝)

감사의 말

분량이 좀 약소한 책이라 감사의 말을 넣는 것이 과해 보일 수도 있음을 안다. 하지만 수많은 사람이 이 염소 되기 프로젝트가 (이제야 깨달았지만, 아마도) 불가능한데도 (최소한 현실에 대한 내 프레임 안에서는) 나를 도와주었기 때문에 감사의 말을 전하지 않을 수가 없다. 그리고 엄청나게 많은 또 다른 사람들이 그 프로젝트를 내 두 번째 책으로 만드는 작업을 도와주었고(책을 만드는 작업은 내 생각보다 훨씬 어려웠고 시간도 더 많이 걸렸다) 그 덕에 책이 막 이 세상에 나오게 되었다(흥분도 되지만 한편으로는 좌불안석하게 만드는 일이다. 이크). 난……음……최소한 독창적인 무언가를 찾아 학문 분과를 옆길로 넘나드는 디자이너다. 그리고 나는 내가 수십 년간 쌓인 증거의 탑과 주장의 오점, 세부 사항의 깊이를 공정하게 다룰 능력이 없는 사람이란 것을 알고 있다. 그러니까 '우리'는 우리 자신과 다른 동물에 대해 뭔가를 조금 알고 있다고 말할 정도밖에 안 된다는 말이다. 내가 "우리가 안다"고 썼을 때 그건 누군가가 모종삽이나 공책을 들고 어딘가에 가보거나 뭔가를 시도해봤지만 보통 아무것도 찾아내지 못했을 때 쓰는 말이기 때문이다. 하지만 가끔 누군가는 무언가를 찾아냈고, 그들을 포함한 어떤 사람들은 무언가를 인식하고 그에 대한 글을 쓸 수 있는 교육의 혜택을 누렸으며, 그것은 내가 염소가 되려는 시도가 재미있을 것 같다고 생각하게 해준 증거의 탑 중 일부가 되었다(그리고 친애하는 독자들이여, 나는 여러분이 이 책을 재미있게 읽기를 간절히 바란다).

나는 다음 사람들에게 감사의 마음을 전하고 싶다. 도움과 지원, 사랑을 아끼지 않은 시오반 임스. 또 한 번의 무모한 계획에 동참해서 이번에도 날 많이 구경해준 친구이자 비디오 예술가, 탁월한 편집자인 시몬 그레턴. 코끼리가 되려는 내 시도에 재정을 지원해준(그리고 내가 변신을 했을 때도 끝까지 믿어준) 웰컴 트러스트. 이들이 없었다면 이 프로젝트도, 이 책도 없었을 것이다. 훌륭한 사진을 찍어줬을 뿐만 아니라 그 외 많은 일들을 처리해준 팀 보디치. 결핵에 걸릴 위험을 불사하고 훌륭한 사진을 찍어준 다니엘 알렉산더, 이 책의 편집을 맡아 내 숱한 우유부단함을 감내해준 사라 스티먼, 이 책의 디자인을 맡아준 폴 와그너, 그리고 이 책을 발간해준 프린스턴 건축 출판사의 모든 분들.

트웨이츠 가족들. 임스 가족들. 퍼시 추 가족들. 이 책의 초고에 통찰력 있는 논평을 해주고 나를 안심시켜준 키티 누넬리, 노긴 누넬리, 그리고 나머지 누넬리 가족들. 웨이먼 가족(특히 여왕에

게 편지를 써준 비토. 하지만 여왕은 아직 답장이 없다). 지난 20년
간 내가 자신의 작업실에서 이것저것 만드는 데 도움을 주었을 뿐
아니라, 이 프로젝트(다리와 반추위)도 도와준 윈저 공작소의 스
티브 퍼롱거.

　내가 바보처럼 나오게 사진을 찍어준 오스틴 홀즈워스(그리
고 미치광이의 세상에 온 걸 환영해요, 토머스 홀즈워스!). 값진
도움의 손길을 보내준 베라 마린. 실제 뼈뿐만 아니라 디지털 뼈로
도움을 준 이웬 쳉. 뉴질랜드에서 즐거운 시간을 보내고 있을 리암
맥게리. 글과 수학 실력으로 도움을 준 해리 트림블. 드론 시범 비
행과 독일어 실력으로 도움을 준 베른트 호펜가르트너. 내가 자신
들의 스튜디오 1.1 갤러리에서 염소 쇼를 할 수 있게 허락해준 마
이클과 케런. 이 프로젝트를 진전시킬 시간과, 두 번째 원형을 만
들 작업 공간을 허락해준 슐로스 솔리튜드 아카데미. 프리즘과 광
섬유 다발의 한계를 설명해준 앨런 뉴턴.

　영혼 : 진실하고 현명하며 솔직한 조언을 해준 아네테 호스트.

　마음 : 밥, 가위, 그리고 버터컵 염소 보호소의 모든 사람들. 이
들이 하는 일에 대해, 그리고 나에게 큰 도움을 준 것에 감사의 마
음을 전한다. 염소에 대한 대화를 함께 나누었던 앨런 맥엘리곳 박
사, 루이지 바샤돈나 그리고 줄리안느 카민스키 박사. 제압당하고
자 하는 내 뇌의 바람을 마음껏 들어준 조 데블린 박사.

몸 : 의족을 만들어주고, 즐거움과 통찰을 아낌없이 나눠준 글
린 히스 박사와 제프. 시간과 지식을 넉넉하게 베풀어준 존 허친
슨 교수. 나와 함께 해부를 했던 알렉산더 스톨 박사, 나와 두 번째
로 해부를 했던 소피 레이놀트, 비너스의 뼈를 깨끗하게 청소해준
리처드 프라이어. 금속 작업을 도와주고 차와 함께 공감을 표해준
'내장이 있는 인형들'(인형극 회사—옮긴이)의 아이번 톨리.

내장 : 반추위 연구에 대해 많은 것을 알려준 애버리스트대학
교의 제이미 뉴볼드 교수와 앨리슨 킹스턴 스미스 박사.

염소의 삶 : 리타와 조제프 바이저.

참고 문헌

들어가며

Becker, Ernest. *The Denial of Death*. New York: Free Press, 1985.

1장 영혼 SOUL

Aubert, Maxime, Adam Brumm, M. Ramli, Thomas Sutikna, E. Wahyu Saptomo, B. Hakim, M. J. Morwood, Gerrit D. van den Bergh, Leslie Kinsley, and Anthony Dosseto. "Pleistocene cave art from Sulawesi, Indonesia." *Nature* 514, no. 7521 (2014): 223-27.

Bednarik, Robert G. "Pleistocene palaeoart of Africa." *Arts* (Multidisciplinary Digital Publishing Institute) 2, no. 1 (2013): 6-34.

McComb, Karen, Lucy Baker, and Cynthia Moss. "African elephants show high levels of interest in the skulls and ivory of their own species." *Biology letters* 2, no. 1 (2006): 26-28.

Willerslev, Rane. *Soul Hunters: Hunting, Animism, and Personhood Among the Siberian Yukaghirs*. Oakland: University of California Press, 2007.

2장 마음 MIND

Briefer, Elodie F., and Alan G. McElligott. "Rescued goats at a sanctuary display positive mood after former neglect." *Applied Animal Behaviour Science* 146, no. 1 (2013): 45-55.

Briefer, Elodie F., Federico Tettamanti, and Alan G. McElligott. "Emotions in goats: mapping physiological, behavioural and vocal profiles." *Animal Behaviour* 99(2015): 131–43.

Clayton, Nicola S., and Anthony Dickinson. "Mental Time Travel: Can Animals Recall the Past and Plan for the Future?" *Encyclopedia of Animal Behavior*(2010): 438–42.

McBrearty, Sally, and Alison S. Brooks. "The revolution that wasn't: a new interpretation of the origin of modern human behavior." *Journal of human evolution* 39, no. 5(2000): 453–63.

Pinker, Steven. *The Better Angels of Our Nature*. New York: Viking, 2011.

Slobodchikoff, C. N., William R. Briggs, Patricia A. Dennis, and Anne-Marie C. Hodge. "Size and shape information serve as labels in the alarm calls of Gunnison's prairie dogs Cynomys gunnisoni." *Current Zoology* 58, no. 5(2012): 741–48.

Sommer, Volker, and Amy R. Parish. "Living Differences: The Paradigm of Animal Cultures." In *Homo Novus-A Human Without Illusions*. Edited by Ulrich J. Frey, Charlotte Störmer, and Kai Willführ, 19–33. Heidelberg: Springer, 2010.

Suddendorf, Thomas. *The Gap: The Science of What Separates Us from Other Animals*. New York: Basic Books, 2013.

Wrangham, Richard. "Did Homo sapiens selfdomesticate?" presented at the CARTA symposium "Domestication and Human Evolution," Salk Institute for Biological Studies, California, October 10, 2014. carta.anthropogeny.org/events/domestication-and-human-evolution.

3장 몸 BODY

Wilson, Frank R. *The Hand*. New York: Pantheon Books, 1998.

4장 내장 GUTS

Chandel, Anuj K., et al. "Dilute Acid Hydrolysis of Agro-Residues for the Depolymerization of Hemicellulose: State-of-the-Art." In *D-Xylitol: Fermentative Production, Application and Commercialization*. Edited by Silvio Silvério da Silva and Anuj Kumar Chandel. New York: Springer Life Sciences, 2012.

Kingston-Smith, Alison H., Joan E. Edwards, Sharon A. Huws, Eun J. Kim, and Michael Abberton. "Plant-based strategies towards minimising 'livestock's long shadow.'" *Proceedings of the Nutrition Society* 69, no. 4 (2010): 613-20.

Sun, Ye, and Jiayang Cheng. "Hydrolysis of lignocellulosic materials for ethanol production: a review." *Bioresource Technology* 83, no. 1 (2002): 1-11.

Van Nood, Els, Anne Vrieze, Max Nieuwdorp, Susana Fuentes, Erwin G. Zoetendal, Willem M. de Vos, and Caroline E. Visser, et al. "Duodenal infusion of donor feces for recurrent Clostridium difficile." *New England Journal of Medicine* 368, no. 5 (2013): 407-15.

5장 염소의 삶 GOAT LIFE

"De tre bukkene Bruse." In *Norske Folkeeventyr*. Edited by Peter Christen Asbjørnsen and Jørgen Moe (1843).

도판 출처

Front of jacket, 4~6쪽: Tim Bowditch.

들어가며

16쪽 왼쪽: © Brooks Kraft/Corbis.

16쪽 오른쪽: Mark Nunnely.

18~19쪽: Jenny Paton, Wellcome Trust.

1장 영혼 SOUL

22~23쪽: Richard Erdoes, San Juan Pueblo deer dance, ca. 1977. Courtesy of Bei-
necke Rare Book and Manuscript Library, Yale University.

29쪽 위: Thomas Thwaites.

29쪽 아래: Benjamin Waterhouse Hawkins, *Man, and the elephant*. From Benja-
min Waterhouse Hawkins, *A comparative view of the human and animal
frame*(1860), plate six. Courtesy of University of Wisconsin Digital Collec-
tions Center.

30쪽 위 왼쪽: Frank Stuart, Nellie, circa 1950. Courtesy of Reuben Hoggett, cyber-
neticzoo.com.

30쪽 위 오른쪽: "Cybernetic Anthropomorphous Machine" constructed by General
Electric in the 1960s. Courtesy of miSci, Museum of Innovation & Sci-
ence, Schenectady, New York.

30쪽 아래: Guilhem Vellut, *Les Machines de l'Ile at Nantes*, 2012. flickr.com/photos/o_0/7936101566. Creative Commons BY 2.0. Cropped from original.

39~40쪽: Thomas Thwaites.

43쪽 위: Nicolaas Witsen, *een Schaman ofte Duyvel-priester*. From *Noord en Oost Tartaryen: Behelzende eene beschryving van verschiedene Tartersche en nabu-urige gewesten*(M. Schalekamp, 1705), 662. Ghent University, digitised by Google Books

43쪽 가운데: Alphonso Roybal, *Hunters'or Deer Dance*, ca. 1932. From C. Szwed-zicki, *Pueblo Indian painting; 50 reproductions of watercolor paintings*(Nice, France, 1932). Courtesy of the University of Cincinnati Libraries, Archives and Rare Books Library.

43쪽 아래 왼쪽과 오른쪽: Richard Erdoes, San Juan Pueblo Deer Dance, ca. 1977. Courtesy of Beinecke Rare Book and Manuscript Library, Yale University.

47쪽: Löwenmensch of Hohlenstein-Stadel. Photograph: © Sabrina Stoppe. Courtesy of Ulmer Museum, Ulm, Germany.

48쪽 위: Pendant du Sorcier, Salle du Fond at Chauvet-Pont-d'Arc Cave(Ardèche, France). Photograph: J.-M. Geneste © MCC/Centre National de Préhis-toire.

48쪽 아래: The Shaft Scene at Lascaux Cave(Dordogne, France). Photograph: N. Aujoulat © MCC/Centre National de Préhistoire.

49쪽 위: Breuil H, *Un dessin de la grotte des Trois frères at Grotte des Trois-Frères* (Ariège, France), 1930. From *omptes rendus des séances de l'Académie des Inscriptions et Belles-Lettres*, 74e année, N. 3, 1930, 261~64. Courtesy of Wellcome Library, London. Creative Commons BY 4.0.

49쪽 아래: Breuil H, *Homme masque en Bison at Grotte des Trois-Frères*(Ariège, France), ca. 1930. From ibid. Courtesy of Wellcome Library, London.

Creative Commons BY 4.0.

2장 마음 MIND

70~71쪽: Sioban Imms.

74쪽: Vera Marin.

75~76쪽: Thomas Thwaites.

93쪽: © Araldo de Luca/Corbis.

96쪽: Baby being fed milk directly from a goat's teat, Postcard, Havana, Cuba (Havana: C. Jordi, ca. 1930). Courtesy of Wellcome Library, London. Creative Commons BY 4.0.

105쪽: Liberia Official Scott O48 5c Stamp, Chimpanzee, 1906. bigblue1840-1940.blogspot.co.uk/2013/07/ClassicStampsofLiberia1860-1914.html.

119쪽, 127쪽, 129쪽: Sioban Imms.

3장 몸 BODY

136~137쪽: Tim Bowditch.

140쪽: Vera Marin.

143쪽: Tim Bowditch.

145쪽: Tim Bowditch.

149쪽, 157쪽, 161쪽: Thomas Thwaites.

162쪽: © Fahad Shadeed/Reuters/Corbis.

164쪽, 169쪽: Thomas Thwaites.

174쪽, 179쪽: Austin Houldsworth.

180쪽, 181쪽: Thomas Thwaites.

185쪽, 186쪽, 187쪽 왼쪽: Daniel Alexander.

187쪽 오른쪽: Gerard de Lairesse, Engraving of a dissected human arm, 1685. Plate from *Anatomia Humani Corporis*(Bidloo, 1685). Courtesy of Wellcome Library, London. Creative Commons BY 4.0.

189쪽: Liam Finn McGarry.

4장 내장 GUTS

192~193쪽: Thomas Thwaites.

197쪽: Daniel Alexander.

198쪽, 200쪽: Thomas Thwaites.

201쪽: YiWen Tseng.

202쪽: Thomas Thwaites.

213쪽: Dr. Glynn Heath.

216쪽: Thomas Thwaites.

5장 염소의 삶 GOAT LIFE

220~293쪽: Tim Bowditch.

294쪽 위: Eadweard Muybridge, *A goat walking*, 1887(Philadelphia: University of Pennsylvania, 1887). Courtesy of Wellcome Library, London. Creative Commons BY 4.0.

294쪽 아래: Austin Houldsworth.

298쪽: Tim Bowditch.

옮긴이의 말

《염소가 된 인간》이 영국 현지에서 출간되었다는 소식을 들었을 때, 마치 소식이 끊겼던 초등학교 단짝이 어린 시절의 발랄함을 잃기는커녕 그걸 무기 삼아 이 사회의 한구석에서 씩씩하게 살아가고 있다는 신문 기사를 본 것마냥 반가웠다. 전작《토스터 프로젝트》(뜨인돌, 2012)에서 토스터를 직접 만들어보겠노라며 멀쩡한 토스터를 분해하여 구성 성분과 구조를 학습한 뒤 영국 전역에서 원료를 모아 엉성한 동네 작업실에서 하나하나 부품을 만들어냈던 그. 그래서 몇 푼이면 동네 가전제품 매장에서 그냥 살 수 있는 간단한 토스터를 엄청난 시간과 노력, 비용을 들여 만들었던 그. 그러고도 결국 빵 한 조각 제대로 구워내지 못해서 혹자는 뭐 이런 멍청이가 다 있나, 그리고 이런 멍청이의 멍청한 짓을 뭐하려고 책으로 엮어냈나 싶었을지 모른다.

하지만 또 다른 어떤 사람은 킬킬거리며 그의 작업을 따라가다가 문득 우리가 무심결에 쓰고 있는 물건들의 구조와 성분에 호기심을 가질 수도 있고, 전 세계적으로 촘촘하게 짜여진 분업의 효율성에 감사한 마음을 느낄 수도 있고, 우리 일상을 구성하는 모

든 것들이 가만히 뜯어보면 대단히 심상치 않다는 깨달음을 얻을
수도 있다. 지금 생각해보면 《토스터 프로젝트》의 미덕은 이런 게
아니었나 싶다. 자신이 밟아온 과정을 정직하게 보여주고 결론이
나 평가는 독자의 몫으로 돌리는 것. 교훈이나 당위를 일방적으로
전달하기보다는 여지를 남겨두고 생각하게 만드는 것. 그것은 어
쩌면 그가 인문학을 공부하기도 했지만, 인터랙션 디자인Interaction
Design이라는 분야에서 디자인을 통한 상호작용을 공부했기 때문
에 가능했던 게 아닌가 싶다.

　토스터를 원재료부터 하나하나 채취해서 만들어보겠다는 프
로젝트도 기발하고 깜찍했는데 이번에는 염소가 되어보겠다니!
하지만 첫눈에 일상적인 사물 하나를 직접 만들어보겠다는 지난
번 프로젝트에 비해 확실히 좀 더 어렵고 곤란한 일일 거라는 느
낌이더니 내용도 상당히 묵직해졌다. 염소가 되어보겠다는 마음
을 먹기부터 실제로 염소가 되기 위한 준비 과정에 이르기까지 단
순한 실행 과정만큼이나, 인간과 동물의 차이는 무엇인가에 대한
철학적·진화론적 고민과 신경과학·해부학적 설명이 차지하는 비
중이 많기 때문이다. 그러니까 이 책은 염소인간GoatMan이 되려는
황당하고 어이없는 프로젝트를 내세우고는 있지만, 그 프로젝트
를 따라가다보면 인간의 존재론적·생물학적 근원이 무엇인가라
는 자못 진지한 고민과 만나게 된다.

그렇다고 해서 너무 심각하지 않을까 겁먹을 필요는 없다. 염
소인간이 되기 위한 이 프로젝트는 영광스럽게도 2016년 가장 웃
긴 뉴스 영상으로 손꼽힌 데다가(영문으로 검색해보면 뉴스 진행
자들이 트웨이츠가 염소와 함께 풀을 뜯는 장면을 내보낸 뒤 너무
웃다가 눈물까지 닦는 동영상이 나온다), 무려 이그노벨상Ig Nobel
Prize(품위가 없다는 뜻의 'ignoble'과 노벨상 'nobel prize'의 합성어
로 과학유머잡지인《별난 연구 연보Annals of Improbable Research》에서
일단 사람을 웃긴 뒤에 생각할 거리도 던져주는 연구 업적을 칭송
하기 위해 매년 열 건의 괴상하거나 소소한 성과에 수여하는 상이
다) 생물학상을 수상하기까지 했으니 재미와 심각함을 겸비했다
고나 할까. (역시 이그노벨상을 영문으로 검색해보면 자못 진지
한, 하지만 이 역시 패러디를 위한 진지함이라는 점에서 미소를 머
금지 않을 수 없는 시상식에서 트웨이츠가 다시 한번 염소인간이
되어 연단을 걸어다니는 영상을 볼 수 있다. 총 1시간 39분 11초짜
리 시상식 영상에서 1시간 11분 52초쯤에 나온다.)

또 한 가지, 전작과 달라진 점이 있다면 이번에는 다른 사람의
입을 빌려 은근슬쩍 자신의 속마음을 비춰 보인다는 것이다. 인간
이라면 누구나 걱정에서 헤어나지 못할 거라고 생각했던 트웨이
츠는 알프스 꼭대기에서 염소를 치며 살아가는 목동 부부와 어째
서 염소가 되기로 했는지 이야기를 나누다가 걱정 때문에 쩔쩔매

며 미친 듯이 살아가는 건 도시인들이라는 지적을 당한다. 물론 이건 목동의 평가지만 트웨이츠는 의도했든 의도하지 않았든 여기서 그들 덕에 걱정 없는 삶이 사실은 인간으로서의 존재 상태에서 벗어나야만 달성 가능한 일은 아니라는 깨달음을 얻은 듯하다. 농어촌에서의 삶이 과연 걱정에서 자유로울 수 있는가는 또다른 고민의 주제지만, 도시적 생활양식이 인간의 정신 건강에 해로운 영향을 미친다는, 모두가 알고 있지만 어쩌면 그렇기 때문에 모두가 모르는 척하는 이 평범한 생각은 전작과 다른 차원의 여운을 남긴다. 전원생활을 낭만화할 마음은 눈곱만큼도 없지만, 한 번씩 영혼의 체력이 달린다는 기분에 시달릴 때마다 한국의 알프스라 할 만한 산골짜기를 떠올리는 것만으로도 약간의 평화를 되찾는 인간이고 보니 알프스 오지의 목동이 은자의 삶을 살아가는 현자처럼 보이는지도 모르겠다.

뭐 어차피 심리적 안정을 위해 마음속으로 그려보는 용도라면 한국의 명산들이 아니라 알프스로 등반 계획을 세워보는 것도 좋을 것 같다. 염소가 아닌 인간으로 뚜벅뚜벅. 두 어깨에는 걱정 대신 최소한의 생존 용품들만 짊어지고서. 이왕이면 트웨이츠가 묵었던 염소 농가에서 염소들과 함께 하룻밤을 보내보면 어떨까. 딸랑거리는 방울 소리와 특유의 냄새는 상상대로일까, 아니면 그 이상일까. 그리고 그가 묘사하지 않았던 알프스의 많은 모습들, 힘겨운 등반 뒤에 펼쳐지는 경이로운 풍광과 바람결에 실려오는 풀 냄새와 꽃 냄새, 처음 들어보는 새소리와 그곳의 서늘하고 청량한 공기는 내가 연연해왔던 모든 것들이 뭐 그리 대수인가, 인간으로 산다는 게 뭐 그리 엄청난 일인가 싶게 만들지 않을까. 상상만으로도 잠시나마 즐거워진다.

부디 앞으로도 저자가 엉뚱발랄한 프로젝트를 이어가기를. 철벽을 앞에 둔 것만 같은 절망의 어이없음으로 가득한 세상에, 아무리 참으려 해도 비실비실 웃음이 비어져 나오는 유쾌한 어이없음을 멀리멀리 전파하기를. 진지하고 심각한 이야기도 한껏 명랑하게 풀어갈 수 있음을 알려준 저자에게, 그리고 이런 귀한 책을 번역할 기회를 준 책세상 출판사에 감사의 말을 전한다. 독자들도 덕분에 유쾌하고 즐거운 독서의 시간이 되었으면 좋겠다.

옮긴이 황성원